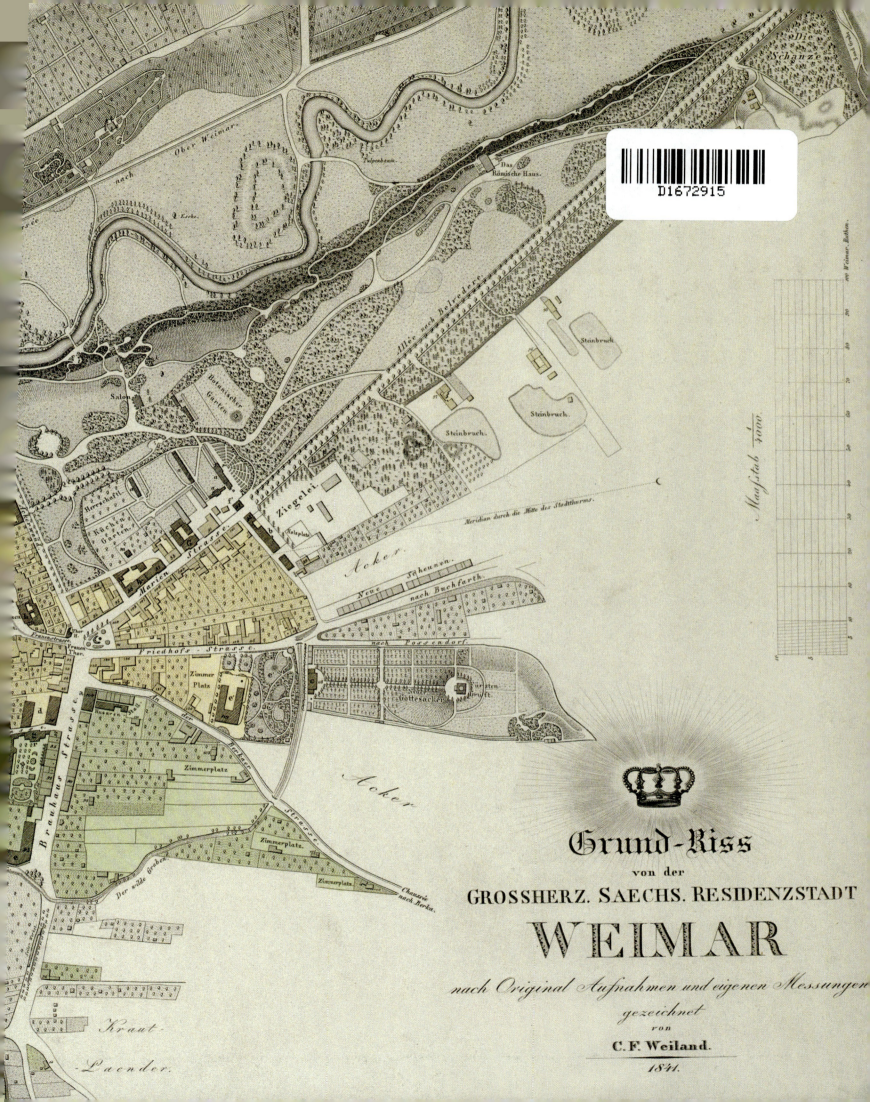

ERINNERN · ENTDECKEN · ERLEBEN

WEIMAR

Fotografie: Peter Hirth/Viola Pfaff
Text: Rudolf Walter Leonhardt/Heinz Stade

Verlag Das Beste Stuttgart · Zürich · Wien

«Wo finden Sie auf einem so engen Fleck noch soviel Gutes? Wählen Sie Weimar zu Ihrem Wohnort. Es gehen von dort die Tore und Straßen nach allen Enden der Welt.»
Goethe zu Eckermann (1823).

Eines der beliebtesten Fotomotive ist das Gartenhaus von Goethe im Park an der Ilm.

WEIMAR

INHALT

CHRONIK

Wechselnde Herrscher.
1254 wird Weimar, das im Besitz der Grafen von Weimar-Orlamünde ist, erstmals als Stadt bezeichnet. 1372 wird es dem Gebiet der Wettiner und 1485 dem der Ernestiner zugeschlagen, die es 1547 zur Residenz erheben.
Seite 9

Das Goldene Zeitalter.
Ab Ende des 18. Jahrhunderts entwickelt sich Weimar unter der Herrschaft Anna Amalias und Carl Augusts zu einem kulturellen Zentrum. Namhafte Persönlichkeiten wie Goethe, Schiller, Wieland und Herder prägen das Leben der Stadt.
Seite 10

Das Silberne Zeitalter.
Mit dem Regierungsantritt des Großherzogs Carl Alexander 1853 lebt Weimar erneut auf. Nicht die dichtenden Künste stehen dieses Mal im Vordergrund, sondern die musikalischen, verkörpert durch den ungarischen Komponisten Franz Liszt.
Seite 15

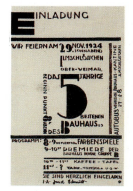

Aufbruch in die Moderne.
Im 20. Jahrhundert gewinnen die bildenden Künste an Bedeutung. 1902 läßt sich Henry van de Velde in Weimar nieder und gründet die Kunstgewerbeschule, die 1919 im Staatlichen Bauhaus Weimar aufgeht.
Seite 16

PORTRÄT

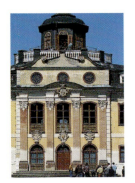

Eine Residenz zwischen Wiesen und Wäldern.
Weimar, einst provinzielle Residenzstadt der Herzöge von Sachsen-Weimar, findet Anfang des 19. Jahrhunderts als glanzvolles Zentrum der deutschen Klassik in ganz Europa Beachtung.
Seite 21

Von jungen Wilden zu weltberühmten Weisen.
Der Einfluß des ungestümen Goethe, der sich zum liberalen Regierungsrat mauserte, ließ aus dem unbekümmerten Carl August einen weitsichtigen Regenten werden.
Seite 27

Der Aufstieg des Bürgertums.
Lange Zeit beherrschte der Adel die Stadt. Erst in der zweiten Hälfte des 19. Jahrhunderts, als das Industriezeitalter in Weimar Einzug hielt, wuchs das Selbstbewußtsein der Bürgerschaft.
Seite 41

Aufbau und Zusammenbruch der Demokratie.
Als Namensgeber und Gründungsort der ersten bürgerlichen Republik Deutschlands von 1919, die allerdings im Dritten Reich ein jähes Ende fand, ist Weimar noch immer in aller Munde.
Seite 55

Und immer wieder der «Elephant».
Ob Goethe oder später Thomas Mann, das Hotel «Elephant», das älteste und bekannteste öffentliche Gebäude der Stadt, kann bis heute auf viele prominente Gäste verweisen.
Seite 64

GLOSSAR

Auf Weimars Kulturmeile.
Ein Besuch im Goethe- und Schillerhaus, im Residenzschloß, in der Herzogin-Anna-Amalia-Bibliothek oder dem Deutschen Nationaltheater lassen den Ruhm vergangener Tage wieder lebendig werden.
Seite 71

Diesseits und jenseits der Kulturmeile.
Es lohnt sich, einen Blick auf die Sehenswürdigkeiten außerhalb der Kulturmeile zu werfen, denn es gibt viel zu entdecken wie das Kirms-Krackow-Haus, den Lutherhof oder die Hochschule für Architektur und Bauwesen.
Seite 99

Weimar zwischen alternativ und provokativ.
Wer Weimar einmal ohne den üblichen Glanz von Goethe und Schiller erleben will, sollte sich auf den Weg machen zum «Autonomen Cultur Centrum», zum Bienenmuseum oder dem Nonnenkloster Oberweimar aus dem 13. Jahrhundert.
Seite 111

Erholung abseits der bekannten Parkanlagen.
Die Hausgärten von Goethe und Herder, der Weimarhallenpark, das Gut Oßmannstedt oder das Webicht-Wäldchen sind grüne Oasen, die schon im 19. Jahrhundert viele Besucher anlockten.
Seite 130

SPECIAL

Der schönste Rundgang beginnt am Herderplatz.

Seite 30

Unvergessene Namen.
Berühmte Weimarer Persönlichkeiten.
Seite 44

Eine Knolle wird gefeiert.
Der Zwiebelmarkt.
Seite 58

Himmlische Klänge.
Die Musikstadt Weimar.
Seite 68

Auf neuen Wegen.
Das Bauhaus in Weimar.
Seite 94

Kunst in freier Natur.
Sommerlust in Parks und Schlössern.
Seite 112

Alte Städte, romantische Dörfer.
Ausflüge in die Umgebung.
Seite 124

Touristische Hinweise.
Informationen auf einen Blick.
Seite 134

Blick auf den Marktplatz, im Hintergrund das Stadthaus (links) und das Cranachhaus (Mitte).

CHRONIK

Wechselnde Herrscher.
1254 wird Weimar, das im Besitz der Grafen von Weimar-Orlamünde ist, erstmals als Stadt bezeichnet. 1372 wird es dem Gebiet der Wettiner und 1485 dem der Ernestiner zugeschlagen, die es 1547 zur Residenz erheben.
Seite 9

Das Goldene Zeitalter.
Ab Ende des 18. Jahrhunderts entwickelt sich Weimar unter der Herrschaft Anna Amalias und Carl Augusts zu einem kulturellen Zentrum. Namhafte Persönlichkeiten wie Goethe, Schiller, Wieland und Herder prägen das Leben der Stadt.
Seite 10

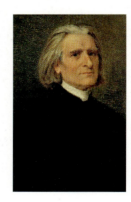

Das Silberne Zeitalter.
Mit dem Regierungsantritt des Großherzogs Carl Alexander 1853 lebt Weimar erneut auf. Nicht die dichtenden Künste stehen dieses Mal im Vordergrund, sondern die musikalischen, verkörpert durch den ungarischen Komponisten Franz Liszt.
Seite 15

Aufbruch in die Moderne.
Im 20. Jahrhundert gewinnen die bildenden Künste an Bedeutung. 1902 läßt sich Henry van de Velde in Weimar nieder und gründet die Kunstgewerbeschule, die 1919 im Staatlichen Bauhaus Weimar aufgeht.
Seite 16

Chronik

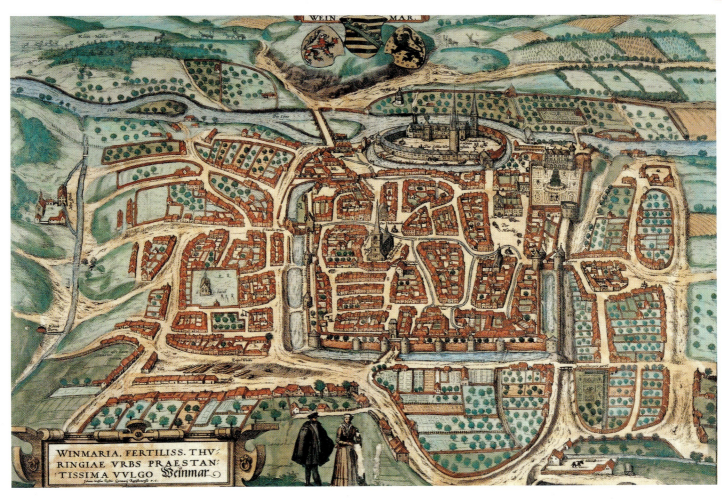

Die erste schriftliche Erwähnung Weimars liegt im dunkeln. **In einer Königsurkunde vom 3. Juni 975 wird ein Ort «Wimares» erwähnt.** Daher feiert man 1975 das 1000jährige Stadtjubiläum. Doch die Urkunde, die nur als Kopie erhalten ist, wird inzwischen als Dokument der Ersterwähnung angezweifelt. Die Historiker sind sich nicht mehr sicher, ob «Wimares» tatsächlich mit Weimar identisch ist.

Sicher ist aber, daß Weimar als «civitas» erstmals 1254 bezeichnet wird. Um diese Zeit beginnt man mit der Errichtung der Stadtbefestigung, die bis ins 16. Jahrhundert dauert. Vier Tore und zehn Türme umgeben das heutige Gebiet von Graben, Kasseturm, Goetheplatz, Wieland-, Schiller-, Puschkinstraße und Bibliotheksturm. Hinter diesem äußeren Ring entsteht außerdem noch ein innerer Mauergürtel, der im Verteidigungsfall als Zwinger gedacht ist.

Weimar, das ab 1254 zum Besitz der Grafen von Weimar-Orlamünde gehört, **fällt**, nachdem dieses Geschlecht ausgestorben ist, **1372 an das sächsische Fürstenhaus der Wettiner. Nach deren Herrschaftsteilung**, der Leipziger Teilung, **wird Weimar 1485 dem ernestinischen Gebiet zugeordnet.**

Martin Luther, der zunächst im benachbarten Erfurt studiert und später in den Augustinerorden überwechselt, **hält sich nach 1517 wiederholt und für länger in Weimar auf.** Mit Predigten beeinflußt er auch von hier aus die Reformation. Bei Johann dem Beständigen (1468–1532), der von 1513 bis 1525 in Weimar residiert, fällt seine Lehre auf fruchtbaren Boden.

Nach dem Schmalkaldischen Krieg wird Weimar 1547 zur ständigen Residenz der Ernestiner, zur Hauptstadt des Herzogtums Sachsen-Weimar. Von 1562 bis 1569 wird für Johann Wilhelm (1530–1573), den Bruder des regierenden Herzogs, ein Schloß, das sogenannte Französische oder Grüne Schloß, als Wohnsitz errichtet.

Am 29. Mai 1613 erreicht die als **Thüringer Sintflut** bezeichnete Naturkatastrophe **Weimar.** Wolkenbruchartige Regenfälle und Hagelschauer lassen die Ilm um acht Meter ansteigen. 65 Menschen und mehr als 200 Tiere ertrinken, Brücken und Häuser stürzen ein.

Mit dem «Palmbaum» im Wappen wird, nach dem Vorbild einer Akademie in Florenz, **1617 die «Fruchtbringende Gesellschaft» gegründet.** Der Vereinigung, zur Pflege und Reinerhaltung der

Weimar aus der Vogelperspektive gesehen (kolorierter Kupferstich um 1581).

Johann Friedrich I., der Großmütige (1503–1554), Kurfürst von Sachsen-Weimar (Ölgemälde aus der Cranachwerkstatt, Germanisches Nationalmuseum, Nürnberg, Ausschnitt).

Abendgesellschaft bei Herzogin Anna Amalia: von links H. Meyer, Frau von Fritsch, Goethe, Einsiedel, Anna Amalia, Elise Gore, Charles Gore, Fräulein von Göchhausen, Herder (Aquarell von Melchior Kraus, 1795, Stiftung Weimarer Klassik).

Der Pagenerzieher und Schriftsteller Johann Karl August Musäus (Stahlstich um 1850 von Karl Blech nach einem Gemälde von Johann Ernst Heinsius, neukoloriert).

deutschen Muttersprache ins Leben gerufen, gehören namhafte Dichter und Gelehrte des Barock an. In der Tradition der 1680 wiederaufgelösten, auch «Palmenorden» genannten Gesellschaft, stehen bis heute Literarische Gesellschaften und Vereinigungen mit festem Sitz in Weimar – so auch die Goethe-, sowie die Deutsche Schillerstiftung und die Shakespeare-Gesellschaft.

1697 wird in der «Wilhelmsburg» nach größeren Umbauten das Schloßtheater, **die erste Hofoper Deutschlands, eingeweiht.** 1703 kommt der 18jährige Johann Sebastian Bach, wenn auch nur für kurze Zeit, nach Weimar. Nach längeren Aufenthalten in Arnstadt und Mühlhausen kehrt er 1708 an den Weimarer Hof zurück. Als Organist, Violinist und Konzertmeister gestaltet er wesentlich das Musikleben der Residenz, die er allerdings nach Unstimmigkeiten mit dem Herzog verläßt.

Von 1724 bis 1732 wird das vor den Toren Weimars liegende Schloß Belvedere für Herzog Ernst August I. (1688–1748) von Sachsen-Weimar erbaut.

Weimar, das bisher nur den Rang einer relativ unbedeutenden Residenz eingenommen hat, rückt ins Rampenlicht, als **1756 Prinzessin Anna Amalia von Braunschweig-Wolfenbüttel** (1739 bis 1807) **als Gemahlin des 19jährigen Herzogs Ernst August II. Constantin** (1737–1758) **nach Weimar kommt.** Sie übernimmt, da ihr Mann bereits 1758 stirbt, für ihren Sohn Carl August (1757 bis 1828) von 1759 bis 1775 die Regentschaft im Herzogtum Sachsen-Weimar-Eisenach. Nachhaltig prägt sie vor allem die kulturelle Atmosphäre in Weimar. Berühmt ist besonders der «Tafelrundenkreis» der Herzogin, bei dem sie die Geistesgrößen Weimars um sich versammelt. Zu dieser Runde gehört auch der Schriftsteller **Johann Karl August Musäus** (1735–1787), den Anna Amalia 1763 als Pagenerzieher von Jena nach Weimar holt. 1772 gelingt es der Herzogin, den literarisch bereits berühmten **Christoph Martin Wieland** (1733 bis 1813) von der Universität Erfurt, wo dieser erfolgreich als Philosophieprofessor arbeitet, als Prinzenerzieher nach Weimar zu berufen. Bereits ein Jahr später gründet Wieland den «Teutschen Merkur», eine populärwissenschaftliche Literaturzeitschrift. Die zeitweilige Auflage von 2500 gilt damals als sensationell.

Eine der geistvollsten Persönlichkeiten dieser Zeit in Weimar ist der Prinzenerzieher und Schriftsteller **Karl Ludwig**

Eine Frau von Format: Anna Amalia (Gemälde von Johann Ernst Heinsius, 1770, Stiftung Weimarer Klassik).

Die Herderkirche (Stahlstich aus dem 19. Jahrhundert, oben), das Residenzschloß (Radierung von 1805, unten).

von Knebel (1744–1834), der sich 1773 in der Stadt niederläßt. Er macht 1774 Carl August mit Goethe bekannt, was nicht ohne Folgen bleibt.

Im Mai desselben Jahres brennt das frühbarocke Weimarer Schloß nieder. Herzogin Anna Amalia bezieht daraufhin das von 1767 bis 1769 von dem Weimarer Minister von Fritsch errichtete Palais am Theater, in dem sie bis zu ihrem Tod 1807 wohnt.

1775 übernimmt Carl August die Regierungsgeschäfte. Schon wenige Wochen später, **am 7. November 1775, reist Goethe** (1749–1832) – zunächst als Gast des Herzogs – **nach Weimar.** Ein halbes Jahr danach tritt er in den weimarischen Staatsdienst. Den Wiederaufbau des Ilmenauer Kupfer- und Silberbergbaus, die Leitung der Wegebau- und der Kriegskommission sowie der obersten Finanzbehörde meistert er hervorragend, so daß er bereits 1779 den Titel «Geheimrat», für einen Bürger Deutschlands jener Zeit die höchste Ehrenstufe, erhält. Mit Goethes Eintreffen beginnt endgültig jene Epoche, in der die damals etwa 6000 Einwohner zählende Stadt zu einem kulturellen Zentrum von europäischem Rang reift.

Nachdem Goethe bereits 1770 in Straßburg dem Philosophen und Theologen Johann Gottfried Herder (1744–1803) begegnet ist, beruft er **1776 Herder als Generalsuperintendenten nach Weimar**, übrigens gegen den Widerstand lokaler orthodoxer Theologen. Herder ist über 26 Jahre Pastor an der heute nach ihm benannten Stadtkirche St. Peter und Paul. Im Jahr von Herders Dienstantritt in Weimar zieht Goethe in das Gartenhaus am rechten Ilmufer. In dem Häuschen, das der Herzog bezahlt hat, wohnt und arbeitet Goethe bis zu seinem Umzug in das repräsentative Anwesen am Frauenplan 1782. Mit dem Grundbesitz erhält der Dichter auch das Weimarer Bürgerrecht. Unter seiner tatkräftigen Mitwirkung entsteht ab 1778 der Park an der Ilm.

Ab 1781 nutzt Anna Amalia das einst als Pächterhaus errichtete Schloß Tiefurt als Sommersitz. Damit beginnt auch die Erweiterung und Ausstattung des Schloßparks, dessen Grundlagen Prinz Konstantin, der Bruder Carl Augusts, und Karl Ludwig von Knebel ab 1777 gelegt haben.

Nachdem bisher vor allem durchziehende Schauspielertruppen das Theaterleben repräsentieren, findet **am 7. Mai 1791 die erste Aufführung des eben erst gegründeten Weimarer Hoftheaters im Komödienhaus am Theaterplatz** statt. Der Aufführung von Ifflands «Jägern» steht ein Prolog des Theaterdirektors Goethe voran, in dem erstmals das Konzept des Ensemblespiels begründet wird. Unter Goethes Leitung – er wirkt 26 Jahre lang als Intendant des Hauses – öffnet sich der Theatervorhang oft auch für Ur- und Erstaufführungen, wie zum Beispiel 1791 für «Egmont», 1799 für «Wallensteins Tod», 1800 für «Maria Stuart», 1804 für «Wilhelm Tell» und 1807 für «Tasso».

Der als «Kaufmann der Goethezeit» in die Geschichte eingegangene Schriftsteller, Verleger und vielseitige Unternehmer **Friedrich Justin Bertuch** (1747 bis 1822) bündelt all seine künstlerischen und unternehmerischen Arbeiten in dem **1791** von ihm **gegründeten «Landes-Industrie-Comptoir»**. Bertuch regt auch die Gründung der Freien Zeichenschule an und beteiligt sich maßgeblich an der Umgestaltung des Parks an der Ilm. Von ihm wurde unter ande-

Typisch für Alt-Weimar waren die romantischen Hausgärten, im Hintergrund der Turm des Schlosses (Farbdruck des Gemäldes von Max Merker).

Grund- und Aufriß der Herzogin-Anna-Amalia-Bibliothek.

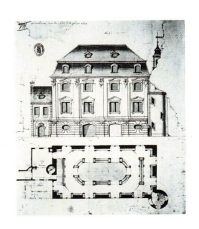

Ab 1890 war zweimal in der Woche in Weimar Markttag, hier eine Marktfrau mit Heidelbeeren (Fotografie von Louis Held um 1890).

rem das weitverbreitete «Journal des Luxus und der Moden» herausgegeben.
Als Sommersitz für Herzog Carl August wird im Park an der Ilm von 1792 bis 1797 das «Römische Haus» errichtet. Als Bauleiter engagiert sich neben anderen zeitweilig auch Goethe.
1799 siedelt Friedrich Schiller (1759 bis 1805), der von 1787 bis 1789 schon einmal in Weimar («Hotel Erbprinz» und Haus Frauentorstraße 21) gelebt hat, **mit seiner Familie endgültig von Jena nach Weimar über.**
Nach der Doppelschlacht bei Jena-Auerstedt zieht am 14. Oktober 1806 Napoleons siegreiche Armee in Weimar ein. Der französische Kaiser wohnt drei Tage im Schloß.
Sachsen-Weimar-Eisenach wird 1815 auf dem Wiener Kongreß zum Großherzogtum, und damit zum größten der Thüringer Kleinstaaten, **erhoben. Ein Jahr später gibt Carl August als einer der ersten deutschen Fürsten seinem Land eine Verfassung.**

Sieben Jahre nachdem die erste deutsche Eisenbahnfernstrecke Leipzig–Dresden eröffnet worden ist, **wird Ende 1846 die Strecke Weißenfels–Weimar für den Verkehr freigegeben.** Ein paar Monate später rollen auch zwischen Erfurt und Weimar die ersten Eisenbahnzüge. Als die Zollschranken fallen, die Gewerbefreiheit eingeführt und die Eisenbahnstrecke weiter ausgebaut wird, setzt – wenn auch zögernd und gegen den Widerstand des starken Handwerks – auch Weimars Entwicklung zur Industriestadt ein.
Unter der 1853 begonnenen Regentschaft von Großherzog Carl Alexander (1818–1901) **erreicht das kulturelle Leben Weimars noch einmal beachtliches Format.** Als «Silbernes Zeitalter» halten Chronisten diesen Zeitabschnitt fest. Am 4. September 1857, einen Tag nach dem 100. Geburtstag von Herzog Carl August, wird vor dem einstigen Komödienhaus und heutigen Deutschen Nationaltheater das Goethe-

Chronik

Weimar in alten Fotografien:

1 *Der Bibliothekar Voigt im Rokokosaal der Herzogin-Anna-Amalia-Bibliothek (um 1904).* 2 *Ballonstart an der ehemaligen Gasanstalt (1895).* 3 *Der Goetheplatz (um 1905).* 4 *Die Schillergedenkfeier vor dem Deutschen Nationaltheater (1905).* 5 *Die Einweihung des Shakespeare-Denkmals (1904).* 6 *Start zur Autofahrt im Hof des Hotels «Erbprinz» (um 1905).*

und Schiller-Denkmal eingeweiht. Das Doppelstandbild von Ernst Rietschel wird zum Symbol für die Epoche der klassischen deutschen Literatur, für die Kulturstadt Weimar überhaupt. Als Privateinrichtung Großherzog Carl Alexanders **öffnet 1860 die Kunstschule, die einen guten Ruf genießt.**
Zum Glanz des «Silbernen Zeitalters» trägt auch wesentlich der ungarische Komponist Franz Liszt (1811–1886) bei. Bereits **1841 besucht Liszt erstmals die Stadt. Ein Jahr später beruft man ihn zum Weimarer «Kapellmeister in ordentlichen Diensten».** Liszt, der davon träumt, gemeinsam mit Richard Wagner eine ähnliche Kunstperiode zu begründen wie Goethe mit Schiller, verläßt 1861 resigniert die Stadt, da sich diese Idee unter anderem aus Geldmangel nicht verwirklichen läßt. Das «Silberne Zeitalter» läßt sich nicht in ein zweites «Goldenes» verwandeln. Doch 1869 kehrt Liszt zurück und wirkt mit Unterbrechungen von 1869 bis 1886 in Weimar.

Als erste Orchesterschule Deutschlands wird im Sommer 1872 die Weimarer Musikschule gegründet. Um 1900 fühlen sich von dieser experimentierfreudigen Bildungsstätte schon mehr als 200 Studenten angezogen. Zur Zeit schreiben sich jährlich etwa 600 junge Leute in die Matrikel der Hochschule für Musik «Franz Liszt» ein.
Nach Eröffnung des Testaments des letzten Goethe-Enkels Walther Wolfgang werden im Jahr 1885 das Goethe-Nationalmuseum, das Goethe-Archiv und die Goethe-Gesellschaft gegründet. Per Testament sind das am Frauenplan stehende Wohnhaus des Dichters und dessen diverse Sammlungen in den Besitz des Großherzogtums und der handschriftliche Nachlaß Goethes in die Hände der Großherzogin Sophie übergegangen.
Der Beginn des 20. Jahrhunderts steht ganz im Zeichen der Avantgarde. **Von 1897 bis zu seinem Tod 1900 wohnt Friedrich Nietzsche** (1844–1900) bei seiner Schwester **in Weimar**, die nach

Der Weimarer Fotograf Louis Held hat ab 1882 in vielen Bildern das Leben in der Stadt eingefangen; hier der Bauer Christ auf einer Fotografie um 1917.

Thomas Mann bei der Schillerfeier 1955 in Weimar, hinter ihm der Kulturminister Johannes R. Becher.

Weimarer Nationalversammlung 1919: die weiblichen Mitglieder der Unabhängigen Sozialdemokratischen Partei.

Nietzsches Tod seine Werke der breiten Öffentlichkeit zugänglich macht.

Der aus Antwerpen stammende Maler und **Architekt Henry van de Velde** (1863–1957) **wird 1902 nach Weimar berufen. Hier gründet er die Kunstgewerbeschule**, die er selbst leitet. **Einfluß auf das künstlerische Weimar nimmt auch** der mit van de Velde eng befreundete Diplomat, Buchkünstler, Mäzen und Schriftsteller **Harry Graf Keßler** (1868–1937). Von 1903 bis 1906 ist er ehrenamtlicher Direktor des Weimarer Museums für Kunst und Kunstgewerbe. Als Mitbegründer des «Allgemeinen Deutschen Künstlerbundes» sowie als Gründer und Chef der Cranach-Presse trägt er zum – zeitweilig international anerkannten – Ruf Weimars als Stadt der bildenden und angewandten Künste bei.

Eine Unterbrechung erfährt die kulturelle Entwicklung durch den Ersten Weltkrieg. 1918 dankt Weimars letzter Großherzog ab. **Aus freien Wahlen geht 1919 die deutsche Nationalversammlung, das erste Parlament der Weimarer Republik, hervor.** Das Gremium tagt im Februar 1919 im Deutschen Nationaltheater. Das Parlament beschließt mit der im Juli 1919 verabschiedeten Weimarer Verfassung das deutsche Grundgesetz. **1920 wird Weimar Landeshauptstadt des neugebildeten Landes Thüringen.**

Bereits 1919 gründet Walter Gropius (1883–1969) **das Staatliche Bauhaus Weimar**, das in der Tradition der Kunstgewerbeschule van de Veldes sowie der Großherzoglichen Kunstschule steht. Er zieht namhafte Künstler wie Kandinsky, Feininger, Klee und Itten nach Weimar. Doch da die Gruppe auf politische und finanzielle Hindernisse stößt, siedelt sie 1925 nach Dessau über. Der Zweite Weltkrieg hinterläßt auch in Weimar furchtbare Spuren. Ab 1936 wird nördlich von Weimar das Lager «Ettersberg», das später wegen Protests einheimischer Kulturkreise in «Buchenwald» umbenannte Konzentrationslager der Nationalsozialisten, gebaut. Bei Bombenangriffen kommen mehr als 1250 Einwohner ums Leben. Wohnungen, Industrieanlagen und öffentliche Gebäude liegen in Trümmern.

Das schwer zerstörte Deutsche Nationaltheater kann nach seinem Wiederaufbau mit Goethes «Faust» am Geburtstag des Dichters 1948 wieder seinen Betrieb aufnehmen. Ein Jahr darauf ist das Goethehaus wiedererrichtet. **1955**, im Jahr des 150. Todestags von Schiller, **hält Thomas Mann im Weimarer Nationaltheater die Schiller-Gedenkrede.** 1958 wird auf dem Ettersberg die Nationale Mahn- und Gedenkstätte Buchenwald eingeweiht.

Weimar, das nach dem Zweiten Weltkrieg zunächst noch Landeshauptstadt Thüringens ist, verliert 1960 diesen Titel an das größere und zentraler gelegene Erfurt.

Als sich 1989 mit einer bis dahin nicht vermuteten massenhaften Ausreisewelle die politische Wende in der DDR abzeichnet, hängen pfiffige Weimarer dem vor dem Theater stehenden Denkmal Goethes und Schillers ein Schild um, auf dem geschrieben steht: «Wir bleiben hier.» Und das tun sie auch!

Aufgrund seiner weitreichenden kulturgeschichtlichen Bedeutung **erhält Weimar im Jahr 1993 den Titel «Kulturhauptstadt Europas 1999»** und ist damit die erste Stadt jenseits des einstigen Eisernen Vorhangs, der diese Auszeichnung verliehen wird.

1919 tagte die Nationalversammlung im Deutschen Nationaltheater in Weimar.

Weimar heute: das Residenzschloß (links), der Platz der Demokratie mit Grünem, Gelbem und Rotem Schloß (hinten links).

Weimar aus der Luft gesehen

PORTRÄT

Eine Residenz zwischen Wiesen und Wäldern.
Weimar, einst provinzielle Residenzstadt der Herzöge von Sachsen-Weimar, findet Anfang des 19. Jahrhunderts als glanzvolles Zentrum der deutschen Klassik in ganz Europa Beachtung.
Seite 21

Von jungen Wilden zu weltberühmten Weisen.
Der Einfluß des ungestümen Goethe, der sich zum liberalen Regierungsrat mauserte, ließ aus dem unbekümmerten Carl August einen weitsichtigen Regenten werden.
Seite 27

Der Aufstieg des Bürgertums.
Lange Zeit beherrschte der Adel die Stadt. Erst in der zweiten Hälfte des 19. Jahrhunderts, als das Industriezeitalter in Weimar Einzug hielt, wuchs das Selbstbewußtsein der Bürgerschaft.
Seite 41

Aufbau und Zusammenbruch der Demokratie.
Als Namensgeber und Gründungsort der ersten bürgerlichen Republik Deutschlands von 1919, die allerdings im Dritten Reich ein jähes Ende fand, ist Weimar noch immer in aller Munde.
Seite 55

Und immer wieder der «Elephant».
Ob Goethe oder später Thomas Mann, das Hotel «Elephant», das älteste und bekannteste öffentliche Gebäude der Stadt, kann bis heute auf viele prominente Gäste verweisen.
Seite 64

Eine Residenz zwischen Wiesen und Wäldern

Vor 1500 Jahren war Weimar die Hauptstadt eines Königreichs Thüringen, wenn es so wäre, wie einige Heimatforscher, Bibliothekare und Geschichtslehrer meinen. Für ihre Annahme spricht nicht viel. Kein Steinchen will sich finden lassen, das sich auch nur mit einiger Phantasie als Rest einer befestigten Anlage deuten ließe. Diese Hauptstadt, wenn es sie gegeben hätte, müßte verschwunden sein wie Atlantis im Meer.

Mit dem frühen Weimar ist nicht viel Staat zu machen. Nur Historiker interessieren sich dafür, daß der Ort 975 zum ersten Mal erwähnt, 1254 als Stadt bezeugt wird. Danach spielt sich deutsche Kulturgeschichte, wenn schon in Thüringen, eher in Eisenach ab als in Weimar. Das wurde zwar 1741 mit Weimar vereinigt, aber so lange dauerte das sächsisch-thüringische Würfelspiel – jeder, der ein paar Soldaten hatte, durfte offenbar mitspielen.

Ein festzuhaltendes Datum ist 1547. Bei einer Teilung unter den erbberechtigten Wettinern war Ernst der Süden Thüringens und die Kurwürde zugesprochen worden, seinem Bruder Albert der Norden. Aber dann verlor Kurfürst Johann der Großmütige die Schlacht bei Mühlberg, und damit verloren die von ihm protegierten Ernestiner die Kurwürde und einen Teil ihres Landes. Die Albertiner jedoch schlossen sich an das spätere Königreich Sachsen an und hatten das bessere Los gezogen – bis sie 1815 als «Provinz Sachsen» von Preußen geschluckt wurden.

Hier beginnt die Geschichte des Herzogtums Weimar, das nicht zur Freude der Sachsen und zum Verdruß der Thüringer Sachsen-Weimar genannt wurde. Sie soll, wie sich das für Weimar gehört, mit Kultur beginnen. Herzog Johann Ernst stiftete 1617 eine Fruchtbringende Gesellschaft zur Pflege vaterländischer Sitte und Sprache. Der Termin war unglücklich gewählt. Die Menschen hatten andere Sorgen, denn ein Jahr später brach der Dreißigjährige Krieg aus.

Da war das Wichtigste, erst einmal die Stadt ordentlich zu befestigen. Im Jahr 1552 war Burg Hornstein gebaut worden, 1618 abgebrannt. Darauf folgte die Wilhelmsburg; sie brannte im Jahr 1774 ab, noch ehe sie ganz vollendet war. 1803 standen Ost- und Nordflügel des Residenzschlosses etwa so, wie wir sie heute noch sehen können.

Blick auf den Marktplatz. Als Weimar 1547 Residenzstadt wurde, erhielt der Platz seine Bebauung im Stil der Renaissance. Das Rathaus (Mitte oben) entstand im 19. Jahrhundert, nachdem der Vorgängerbau einem Brand zum Opfer gefallen war.

Jedes Jahr am zweiten Oktoberwochenende findet der Weimarer Zwiebelmarkt statt, der schon 1653 schriftlich erwähnt wurde.

Knackige Äpfel aus eigenem Anbau: Auf dem Markt wird täglich frisches Gemüse und Obst aus der näheren Umgebung angeboten.

Das Cranachhaus am Marktplatz gehört zu den schönsten Renaissancebauten Weimars. Bemerkenswert sind vor allem die Reliefs, die die Fenster im Erdgeschoß schmücken.

Mit dem Bau einer Stadtmauer war im 14. Jahrhundert begonnen worden. Wir wissen nicht, wie hoch und widerstandsfähig sie war. Wir wissen nur, daß sie keinen feindlichen Soldaten zurückgehalten und Weimar auch nicht vor Plünderungen bewahrt hat, weder während des Dreißigjährigen Kriegs noch während der Napoleonischen Kriege. Und wir kennen die vier Stadttore: Kegeltor, Frauentor, Erfurter Tor, Jakobstor. Zwischen diesen vier jetzt nicht mehr stehenden Toren lag Weimar, heute: die Altstadt von Weimar. Eigentlich sonderbar, wie in so vielen Städten die bevorzugten Wohngegenden der Gründer auch heute noch bevorzugt sind. Sie werden ergänzt, erweitert, aber nicht gewechselt. Ich denke, um in der richtigen Größenordnung zu bleiben, etwa an das alte New Orleans, Stratford-upon-Avon, Freiburg. Auch heute, obwohl das Schloß nun keine große Rolle mehr spielt, dreht sich in Weimar eigentlich noch immer alles um die Altstadt. Im Osten geht es bis zur Ilm, und dann ist Schluß. Nach Süden bestanden noch Ausdehnungsmöglichkeiten über den Wielandplatz hinaus, zumindest für den Alten Friedhof. Im Westen geht's zum Ettersberg, Wald und Gebirge. Der Norden neben dem Jakobstor erfreute sich keines guten Rufs. Dorthin wurde dann auch alles abgeschoben, was man mitten in der Stadt nicht haben wollte, die Eisenbahn zum Beispiel und das Gau-Forum der Nationalsozialisten.

Alt-Weimar könnte jemand, der töricht genug ist, alle 20 «Gedenkstätten» links liegen zu lassen, lässig in zwei Stunden schaffen. Dabei haben wir freilich eine frühe Beschreibung dieser Stadt sträflich vergessen: Weimar besteht aus Wasser, Wiesen, Wald, einem Schloß und ein paar Häusern. Das Schloß mit Nebengebäuden nahm etwa ein Drittel des solide bebauten Grunds ein. «Weimar n'est pas une petite ville, mais un grand château», schrieb Madame de Staël 1810. So etwas gab es anderswo auch. Schwerer wäre die Frage zu beantworten, wer denn die Leute waren, die die anderen zwei Drittel füllten, wie sie lebten und wovon und wofür.

Weimar besteht jedoch nicht nur aus dem bebauten Teil. Immer wieder ist es seit dem 16. Jahrhundert beschrieben worden als ein etwas armseliges Dorf zwischen Wiesen und Hügeln und Wäldern. Dort floß nicht nur die Ilm, dort hatten nicht nur die Bauern ihre Felder, dort schlugen nicht nur die Hauer das

Eine Residenz zwischen Wiesen und Wäldern

Das Stadthaus, von 1526 bis 1547 im Renaissancestil errichtet, daneben die Bastille aus dem 15. Jahrhundert.

Den Marktplatz beherrscht das repräsentative Rathaus im neugotischen Stil.

Eine Residenz zwischen Wiesen und Wäldern

Holz, sondern dort standen auch einige herzogliche Schlösser. Oft waren es nur Sommerresidenzen wie die Ettersburg oder einfach Landgüter wie Tiefurt; aber Belvedere konnte und könnte sich noch heute sehen lassen, wenn es wieder auf Glanz gebracht würde. Auch bei den «Schlössern» übrigens ist das Eindrucksvollste immer der Park. Der im Anfang ziemlich struppige, später auf englische Art gepflegte Ilm-Garten, die nähere Umgebung überhaupt gehörten zum Bild von Weimar. Sie gehören noch heute dazu, obwohl vieles davon inzwischen bebaut und wegasphaltiert worden ist. Das so lange «Dorf» genannte Provinzstädtchen gewinnt dadurch an Weite und Ansehnlichkeit. Freilich nicht nur das. Denn wenn man den Radius um die Stadt so weit zieht, dann gehört auch der Ettersberg mit dem Konzentrationslager Buchenwald dazu, das einst weit außerhalb der Stadtmauern gelegen hatte.

Kehren wir zunächst einmal wieder zurück auf den Boden des historisch Überlieferten. Gegen Ende des 17. Jahrhunderts gab es in Thüringen zehn Linien der Ernestiner, neun der Reußen und drei der Schwarzburger, dazu das mainzische Erfurt und Eichsfeld sowie den brandenburgischen Saalkreis. Die albertinischen Territorien gehörten ja seit 1547 zu Kursachsen. Von den Herzögen, die Sachsen-Weimar regiert hatten, ist zunächst keiner außerhalb der thüringischen Lesebücher erwähnenswert. Das änderte sich im Jahr 1759.

Drei Jahre vorher hatte der 19jährige Weimarer Herzog Ernst August Konstantin die größte Leistung seines kurzen Lebens vollbracht. Er hatte nicht nur die etwa gleichaltrige braunschweigische Prinzessin Anna Amalia geehelicht, die aus dem Hause der Welfen und der Hohenzollern stammte und deren Onkel Friedrich der Große von Preußen war. Er hatte die zwei Jahre, die ihm das Leben noch gönnte, auch genutzt, zwei Kinder zu zeugen: den Erbprinzen Carl August und den Prinzen Konstantin.

Da aber war sie nun, die 20jährige, Mutter zweier Knaben und Regentin eines heruntergekommenen, besser: nie wirklich hinaufgekommenen Ländchens. Ihr, die aus geordneten Verhältnissen kam und ein wenig Luxus und Lebensfreude zu schätzen gelernt hatte, kann schon beim Einzug nicht ganz geheuer gewesen sein. Der Hof, der sie erwartete, glich eher einer mittelalterlichen Festung, und was es an Stadt gab, wirkte verfallen und verwildert.

Spazierfahrt durch Weimar, vorbei am Grünen Schloß, in dem die Herzogin Anna Amalia von 1761 bis 1766 ihre berühmte Bibliothek einrichten ließ.

Auf dem Marktplatz steht der Neptunbrunnen aus dem 16. Jahrhundert. Seinen heutigen Namen erhielt er 1774, als der Löwe, das Wappentier der Stadt, durch die Figur des Meeresgotts ersetzt wurde.

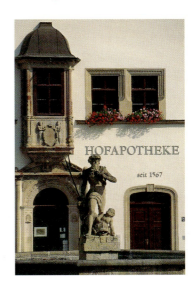

Residenzstadt Weimar: Der Platz der Demokratie wird begrenzt von der Herzogin-Anna-Amalia-Bibliothek (oben links) und der Musikhochschule «Franz Liszt» (oben rechts). Im Zentrum thront das Reiterstandbild Carl Augusts (oben und unten) von Adolf Donndorf, das 1895 enthüllt wurde.

Was sollte eine junge Frau aus bestem Hause in so einer Welt? Was half es ihr da, daß sie fleißig Latein und Griechisch studiert hatte, daß sie Französisch sprach wie Deutsch, dazu Englisch und Italienisch? Sie konzentrierte alle Liebe und Lust, all ihre schier unerschöpfliche Energie auf ihre Söhne. Sie sollten vorbildliche Regenten werden. Daß Weimar dabei eine vorbildliche Residenz wurde, geschah eher nebenher. Die Chancen waren da, es galt, sie zu nutzen. Anna Amalia muß eine Frau nicht nur von bemerkenswerter Charakterstärke, sondern auch von unwiderstehlichem Charme gewesen sein. Goethe hat später einmal gesagt: «Es ist kein bedeutender Name von Weimar ausgegangen, der nicht in ihrem Kreise früher oder später gewirkt hätte.»

Zu den ersten gehörte Johann Karl August Musäus, der 28jährig 1763 als «Pagenhofmeister» von Jena nach Weimar geholt und dort 1769 Professor am Gymnasium wurde. Er war gerade bekannt geworden durch «Grandison der Zweite», einen satirischen Roman, der den «Sir Charles Grandison» des Engländers Samuel Richardson parodierte.

Als nächster kam ein Mann, der schon mehr vorzuweisen hatte, darunter zahlreiche Shakespeare-Übersetzungen und die «Geschichte des Agathon» (1766). Auch ihm schien es der Richardson angetan zu haben, nach dessen «Grandison» er ein Trauerspiel schrieb. Wenn später von den «vier Großen Weimars» die Rede war, dann wurde sein Name mitgenannt, wenn auch zu seinem Kummer erst an vorletzter Stelle. Christoph Martin Wieland wurde 1772 von der Universität Erfurt weggeholt. Das Bild eines idealen modernen Staats, das er in dem Werk «Der goldene Spiegel» gezeichnet hatte, war ganz im Sinne der Anna Amalia. Wieland wurde berufen als Erzieher der beiden Prinzen und bekam den Titel «Herzoglicher Hofrat».

Ehe dies in eine Aufzählung ausartet, muß eines Mannes noch gedacht werden. Karl Ludwig von Knebel hatte maßgeblich Anteil daran, daß das von der Prinzenmutter eingeleitete «Wunder von Weimar» Gestalt gewinnen konnte. 1774 fuhr er mit Carl August und Konstantin nach Paris. Sie unterbrachen die lange und beschwerliche Reise in Frankfurt. Dort machte Knebel, der Beziehungen zu aller Welt hatte, den künftigen Herzog mit Goethe, den 17jährigen mit dem 25jährigen, bekannt – eine Bekanntschaft, die Folgen haben sollte.

Von jungen Wilden zu weltberühmten Weisen

Wir machen uns selten ganz richtige Vorstellungen von dem Junioren-Club, der sich im Jahr 1775 in Weimar zusammenfand. Vielleicht sollte man es einmal so sehen: Da wird eine Firma gegründet, die 50 Jahre lang eine ganze Stadt beherrschen und von deren Ruf diese Stadt 200 Jahre, und hoffentlich auch noch länger, zehren wird. Der Senior dieser Gründergesellschaft, keineswegs ihr wichtigster Mann, Christoph Martin Wieland, ist 42 Jahre alt. Die Herzoginmutter Anna Amalia 36, Charlotte von Stein 33; Herder, der freilich erst ein Jahr später dazukam, war damals 31 Jahre alt. Goethe, der am 7. November 1775 in Weimar eintraf, weswegen wir dieses Jahr als Fixpunkt gewählt haben, zählte 26 Jahre; Herzog Carl August 18, Herzogin Luise 18, Prinz Konstantin 17. Schiller kam als letzter 1787 zu einem kurzen Aufenthalt, siedelte 1789 nach Jena über und kam erst 1799 endgültig nach Weimar, wo er aber nur noch wenig mehr als fünf Jahre zu leben hatte. Zur Zeit der «Firmengründung» studierte er noch, 16jährig, in Stuttgart Medizin.

In so einer knappen Zusammenstellung scheint das Unternehmen planmäßiger und folgerichtiger abgelaufen zu sein, als es in Wirklichkeit der Fall war. Gewiß, ohne den Hof und die von dort kommende finanzielle Unterstützung wäre das alles nicht gegangen. Und es läßt sich auch so argumentieren: Hätte Anna Amalia nicht den Herrn von Knebel als Erzieher engagiert, dann hätte dessen Zögling, Carl August, Goethe nicht kennengelernt. Hätte der Herzog nicht schon als Erbprinz Goethe gekannt, dann hätte er sich kaum versucht gesehen, ihn einzuladen. So jedoch benutzte er, gerade Herzog geworden, seine Verehelichung mit der Prinzessin Luise, um auf dem Weg zu ihr nach Darmstadt in Frankfurt haltzumachen und Goethe zu fragen, ob er nicht Lust habe, ihn in Weimar zu besuchen.
Bis hierhin waltet eine gewisse Logik. Aber dann? Warum sagte der Eingeladene zu? Goethe war durch die im vergangenen Jahr erschienenen «Leiden des jungen Werthers» geworden, was man heute eine Kultfigur nennen würde. Wer aber war Carl August, gerade 18jährig, Herzog von Sachsen-Weimar? Der Sohn Anna Amalias – das ist wohl das Beste, was man von ihm hätte sagen können.

Das Residenzschloß (oben und unten) am Burgplatz, einst als Wasserburg errichtet, wurde im Lauf der Jahrhunderte mehrfach umgebaut und nach Zerstörungen neu errichtet. Von 1789 bis 1803 entstand ein Großteil des heutigen Gebäudekomplexes.

Einen idealen Rahmen für klassische Konzerte bieten die prunkvoll eingerichteten Räume des Residenzschlosses.

Im Schloß sind die Staatlichen Kunstsammlungen zu Weimar untergebracht. Die Bestände stammen zum Teil aus der im 17. Jahrhundert gegründeten Sammlung der Weimarer Herzöge.

Außerdem hatte Goethe gerade eine Reise in die Schweiz geplant, ja, war sogar schon zu dieser Reise aufgebrochen, da die Weimarer Abholer mit Verspätung eintrafen. Und dennoch ließ er sich dazu bewegen, in Heidelberg wieder umzukehren in Richtung Weimar. Warum? In solchen Fällen gerät er bei denjenigen, die sich mit seinem Leben beschäftigt haben, immer in Verdacht: Er ist einer Frau davongelaufen. Erst war es Friederike Brion, dann Charlotte Buff und nun eben Lilli Schönemann, die auf Bildern recht attraktive 16jährige Tochter eines Frankfurter Handelsherrn, mit der er sich gerade verlobt hatte.

Warum denn nicht? Diese Angst vor festen Bindungen gab es nicht nur vor 200 Jahren. Freilich macht die Erklärung «fuyez la femme» die Antwort auf die Frage schwieriger: Warum ist Goethe, der nur mal so eben eingeladen war, ein Leben lang in Weimar geblieben? Die Standardantwort heißt: November 1775 Ankunft in Weimar und Begegnung mit Charlotte von Stein; Januar 1776 Entschluß, länger in Weimar zu bleiben. An Frankfurter Freunde schrieb er im Februar 1776: «Ich werd auch wohl dableiben und meine Rolle so gut spielen, als ich kann, und so lang als mir's und dem Schicksal beliebt. Wär's auch nur auf ein paar Jahre, ist es doch immer besser als das untätige Leben zu Hause ...»

Diese interessante Linie können wir nicht weiterverfolgen, wo am Ende nicht ein Porträt Goethes, sondern ein Porträt Weimars herauskommen soll. Ganz unberücksichtigt bleiben darf sie nicht. Denn Goethe ist nun einmal die Hauptperson und die bewegende Kraft. Ohne Goethe wäre die ganze «Firma» nicht gegründet worden. Und wenn Weimar doppelt bis zehnmal so viele Besucher hat wie all die anderen schönen, vom Stadtbild her manchmal schöneren Städte Thüringens, dann ist es der Name Goethe, dann sind es sein Haus, sein Gartenhaus, seine Verehrer, seine letzte Ruhestätte, die vollkommenste Sammlung seiner Werke, die eine so große Anziehungskraft ausüben.

Zweifellos war Goethe die maßgebliche Figur im Weimar seiner Zeit, von seiner Ankunft 1775 bis zu seinem Tod 1832. Aber es wäre falsch zu glauben, daß sich nun alles immer nur um ihn gedreht hätte. Er hatte Bewunderer, gewiß; und noch mehr, wahrscheinlich, Bewunderinnen. Aber er hatte auch Gegner. Als der Herzog zum Beispiel Goethe im Juni 1776 als Geheimen

Fortsetzung Seite 35

Von jungen Wilden zu weltberühmten Weisen

Immer wieder Goethe ... – die Staatlichen Kunstsammlungen im Innenhof des Residenzschlosses.

DER SCHÖNSTE RUNDGANG

Einen Rundgang durch die Stadt sollte man nicht so absolvieren, wie es dem Schriftsteller Egon Erwin Kisch 1926 widerfuhr: «Fragt man den Einheimischen, wie man ins Hotel kommt, so antwortet er, man müsse am Wohnhaus der Frau von Stein vorüber, bei der Bank, bei der Christiane Vulpius ihrem nachmaligen Gatten als fremdes Mädchen mit einer Bittschrift entgegentrat, nach links biegen, dann geradeaus über die Jahre 1779 und 1784 gehen, entlang der Prosafassung der ‹Iphigenie auf Tauris›, den zweiten Teil des ‹Faust› rechts und ‹Wilhelm Meisters Wanderjahre› links lassend, und schon sei man da, beim Abstiegsquartier Zelters...» «Ganz Weimar eine zur Stadt erhobene Dichterbiographie», hatte der «rasende Reporter» gelästert.
Auf denn zum schönsten Rundgang durch Weimars Innenstadt. Auf dem Herderplatz steht man am Mittelpunkt der einstigen Siedlung Weimar. Wertvolles und zugleich eines der ältesten Baudenkmäler Weimars überhaupt ist die Stadtkirche St. Peter und Paul, nach ihrem berühmtesten Prediger Herderkirche genannt. In der spätgotischen Hallenkirche bestechen der Taufstein, die Grabplatten oder -steine für Herder, Cranach und Herzoginmutter Anna Amalia sowie das von Lucas Cranach d. Ä. entworfene und von seinem Sohn vollendete Altarbild. Den Platz vor der Kirche dominiert das 1850 von Ludwig Schaller geschaffene bronzene Herder-Denkmal.
Der Weimarer Markt, zu dem uns der Weg durch die Kaufstraße nun führt, hat Gestalt und Aussehen mehrfach gewandelt. So, wie er etwa seit Mitte des 16. Jahrhunderts ausgesehen hat, kann man ihn wiedererleben, nachdem nun die 1945 von Bomben gerissenen Lücken wieder geschlossen sind. Das neugotische Rathaus entstand, nachdem der schöne Vorgängerbau 1837 abgebrannt war. Das 1547 auf der Ostseite im Renaissancestil erbaute Stadthaus diente zu Goethes Zeiten und später noch als Treffpunkt zu geselligen Veranstaltungen und Vereinsabenden. Zwischen 1547 und 1549 wurden die beiden benachbarten repräsentativen Gebäude errichtet, die heute den Namen Cranachhaus tragen, da der Maler hier eine Zeitlang wohnte.
Literarische Berühmtheit erlangte das schräg gegenüberliegende Hotel «Elephant» durch Thomas Manns Roman «Lotte in Weimar». In diesem «Vorzimmer zu Weimars lebender Walhalla», wie Franz Grillparzer sagte, logieren bis in die Gegenwart viele prominente Persönlichkeiten.
Mittelpunkt des geistigen und kulturellen Lebens in Weimar war über Jahrhunderte das Residenzschloß, zu dem wir nun, vorbei an Weimars berühmtem Café «Resi», gehen. Prachtstück der musealen Einrichtungen des Schlosses ist die ebenso einzigartige wie umfangreiche Gemäldesammlung, bei der wiederum die Gemälde Cranachs hervorzuheben sind.

An vielen Hausfassaden gibt es kunstvolle Skulpturen zu entdecken (oben). – Kutschfahrt am Frauenplan (unten).

Hoch zu Roß und in Bronze begrüßt uns gegenüber dem Schloß auf dem Platz der Demokratie Herzog Carl August. In seinem Rücken steht die Hochschule für Musik «Franz Liszt», 1872 als erste Orchesterschule Deutschlands gegründet. Das Gebäude diente eine Zeitlang als Wohnsitz des Herzogs und wurde daher auch Fürstenhaus genannt. Die sich seitlich davon präsentierende Herzogin-Anna-Amalia-Bibliothek mit ihrem prächtigen Rokokosaal bewahrt etwa 850 000 Bände auf, inbegriffen die größte «Faust»-Sammlung der Welt.

Von hier führt der Weg hinein in den im Volksmund lange schon nach Goethe benannten weitläufigen Park an der Ilm. Von 1778 bis 1828 wurde er als naturnaher Landschaftspark im englischen Stil gestaltet. Bereits 1776 schenkte der Herzog das in dem Gelände stehende Haus seinem Freund Goethe, das dieser, wenn ihm der Trubel in der Stadt zuviel wurde, bis ins hohe Alter gern als «Zufluchtsstätte» nutzte. Von hier gewissermaßen im Blickkontakt erhebt sich auf dem Steilhang des westlichen Ilmufers das sogenannte Römische Haus. Zwischen 1792 und 1797 ließ sich Carl August das Gebäude im Stil eines römischen Landhauses der Renaissancezeit als Sommerwohnung errichten.

Von Goethes Gartenhaus geht es zurück ins Stadtinnere zum Goethehaus am Frauenplan, das der Dichter 1782 bezog. Und er wohnte dort, bestaunt und besucht «von aller Welt», 50 Jahre. Das Anwesen bot Goethe vieles in einem: Repräsentationsräume, Platz für die umfangreichen Sammlungen zur bildenden Kunst, zu Mineralogie und Geologie, Raum für die etwa 6500 Bände seiner Bibliothek, ein stilles Eckchen zum Arbeiten und einen schönen Garten. Unmittelbar an das Wohnhaus grenzt das Goethe-Nationalmuseum.

An der vom Frauenplan nur einen Steinwurf entfernten einstigen Esplanade (jetzt Schillerstraße) kaufte Friedrich Schiller für sich und seine Familie 1802 jenes zwischen zwei großen Gebäuden eingezwängte Haus, das er bis zu seinem Tod 1805 bewohnte. Neben dem Schillerhaus hat seit 1988 ein neues, sehenswertes Schillermuseum seine Türen geöffnet.

Auf dem Weg zum Theaterplatz kommen wir am 1767 erbauten Wittumspalais vorbei. Hier wohnte die Herzoginmutter Anna Amalia von 1774 bis zu ihrem Tod 1807. Sie gestaltete das Palais zu einem wahren «Musenhof». Wieland, Goethe, Herder und später auch Schiller bildeten den Mittelpunkt des geselligen Kreises, der sich mit Themen aus der Wissenschaft, Literatur und Kunst auseinandersetzte.

An das Palais schließt das im Mai 1995 eröffnete Bauhaus-Museum an. Diesem gegenüber steht das weltbekannte Wahrzeichen Weimars, das 1857 von Ernst Rietschel geschaffene Standbild des Dichterpaars Goethe und Schiller. Und dahinter die letzte Sehenswürdigkeit unseres Spaziergangs – das Deutsche Nationaltheater. Hier wirkte nicht nur Goethe als Intendant, hier tagte auch 1919 die deutsche Nationalversammlung und proklamierte die Weimarer Republik.

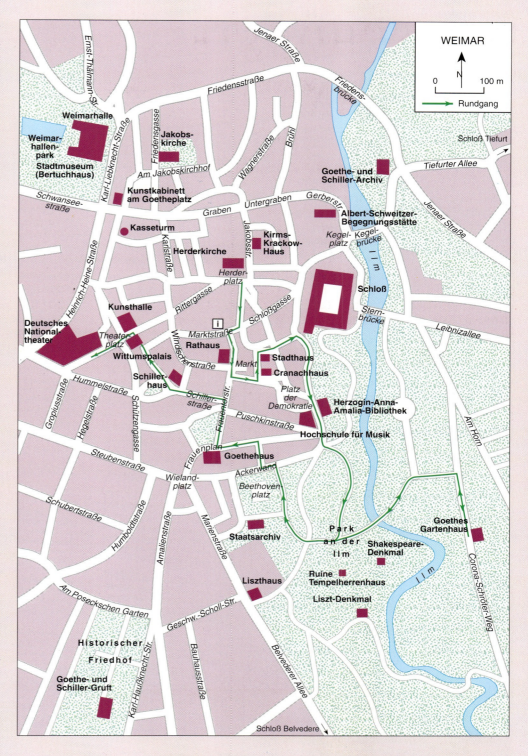

Ein Mekka für Literaturfreunde ist die Herzogin-Anna-Amalia-Bibliothek im Grünen Schloß.

Über drei Geschosse reicht der prachtvoll ausgestattete Rokokosaal der Herzogin-Anna-Amalia-Bibliothek.

Legationsrat in den Weimarischen Staatsdienst aufnahm, protestierte sein bis dahin engster Ratgeber Friedrich von Fritsch heftig gegen die Berufung eines «Individuums wie dieses Doktor Goethe». Der Herzog konnte das streng und überzeugend zurückweisen. Wie aber wäre die Sache ausgegangen, wenn Goethe nicht immerhin ein promovierter Jurist gewesen wäre?

Im übrigen konnten die Herren im Geheimen Conseil, der so eine Art Regierung des Herzogtums, seit 1815 Großherzogtums, war, sehr froh sein, einen Goethe unter sich zu haben. Der verdiente sich sein Gehalt redlich. 1776 übernahm er den Auftrag, die stillgelegten Silber- und Kupferbergwerke bei Ilmenau wieder in Gang zu setzen, was sehr wichtig war für ein Land, das so gut wie keine Bodenschätze hatte. 1799 wurde er «Kriegskommissar» und verantwortlich für Rekrutierung und Versorgung von 500 Soldaten. Im selben Jahr noch übernahm er die Wegebauverwaltung, die Wasserbaukommission sowie die oberste Finanzbehörde. Man gewinnt den Eindruck, ohne Goethe wäre in Weimar nichts mehr gelaufen.

Dabei bestand Goethes eigentliche Aufgabe während der ersten Jahre nicht so sehr darin, das Herzogtum in Ordnung zu bringen, sondern den Herzog. Das war doch noch ein junger, wilder Bursche, der sich mühsam ein Interesse abringen mußte für die Verwaltung. Viel lieber preschte er auf dem Pferd das Ilmtal entlang, ein halsbrecherischer Parcours damals. Teils aus pädagogischer Klugheit, teils, weil er selber Spaß daran hatte, machte Goethe das alles mit. Da wurden Picknicks veranstaltet, da wurden Bauernmädchen im Tanz geschwenkt, da brauste die wilde Jagd durch das manchen allzu friedliche Weimar. Wofür war man Werther? Die steife Amtstracht wurde in die Ecke geworfen und statt dessen Werther-Kleidung getragen: Stulpenstiefel, gelbe Hose und Weste, blauer Frack. Im Winter kam zu den anderen Tobereien als ein Hauptvergnügen das Schlittschuhlaufen hinzu. Der Geniestreich fiel dem Herzog ein. Er schenkte Goethe ein zerfallendes Gartenhäuschen an der Ilm und trug wohl auch dazu bei, es wieder recht proper herzurichten. Goethe seinerseits legte mit Hand an, um auf dem anderen Ufer der Ilm, ein paar Minuten flußabwärts, für den Herzog aus Holz und Baumrinde das «Borkenhäuschen» zu bauen, ziemlich klein, nicht ganz so so-

Kunstwerke des 18. Jahrhunderts schmücken den Rokokosaal der Herzogin-Anna-Amalia-Bibliothek. Hier sind sie versammelt, die bedeutenden Werke der deutschen Klassiker.

Über 30 Jahre lang hatte Goethe die Oberaufsicht über die herzogliche Bibliothek; hier eine Porträtbüste des Dichters.

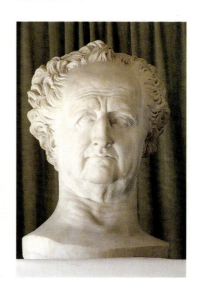

1774 erwarb Anna Amalia das Wittumspalais am Theaterplatz als Witwensitz. Hier versammelte die Herzogin ihre berühmte Tafelrunde.

Erinnerung an einen großen Dichter: Nach ihrem prominentesten Bewohner ist die Schillerstraße benannt, im Hintergrund das Schillerhaus.

lide, aber bewohnbar. Wann immer ihnen danach war und wenn das Wetter es erlaubte, fand das Regieren jetzt im Freien statt, beim Herzog, der sich zehn Minuten weiter ilmaufwärts als Landsitz noch das «Römische Haus» hatte bauen lassen, oder bei Goethe. Als Ausrede konnte notfalls herhalten: Der Regierungspalast war ja abgebrannt. Mit der Sorge um den Wiederaufbau betraut: natürlich Goethe. Das dauerte bis 1803.

Nicht überall stieß diese lustige und lärmende Art der Regenten-Erziehung auf Verständnis. Sehr beklagte sich die junge Herzogin Luise, die darüber fast zur Außenseiterin wurde. Auch Frau von Stein war nicht sehr amüsiert, dachte jedenfalls gar nicht daran, nun etwa Werthers Lotte zu spielen.

Die Herzoginmutter vertraute Goethe. Sie war ja selber kein Kind von Traurigkeit. Aber zweierlei lag ihr am Herzen. Bei dem einen war sie sich bestimmt mit Frau von Stein, Wieland, Herder und vielen anderen einig: Die Amüsements entbehrten ein wenig des kulturellen Niveaus. Das andere können wir so zunächst nur bei ihr entdecken: Sie wünschte sich mehr Volksverbundenheit. Die hatte sie herbeizuführen versucht mit dem kleinen Theater im Erdgeschoß der Wilhelmsburg, ihr ganz großer Stolz. Dreimal in der Woche hatte da jedermann freien Eintritt. Es spielten Truppen von auswärts. Aber seitdem die Burg ausgebrannt war, gab es ja auch das Theater nicht mehr. Da ging von ihr die Anregung aus: Laßt uns Theater im Freien spielen! Schauspielertruppen waren für so etwas nicht zu haben. «Also spielen wir selber.» Überall, in Belvedere, in Tiefurt, an der Ettersburg, aber auch mitten im Park wurden Bühnen improvisiert, und jeder bei Hof, die oder der es sich irgend zutraute, übernahm eine Rolle. Manchmal gelang es Goethes guten Beziehungen auch, eine Berufsschauspielerin zum Mitmachen zu bewegen. Immer wieder finden wir in den Chroniken die Aufführung der «Iphigenie auf Tauris» im April 1779 an der Ettersburg gerühmt. Ein Star seiner Zeit spielte die Iphigenie: Corona Schröter. Den Orest spielte Goethe.

Ein bißchen viel Goethe? Vielleicht fanden das einige Weimarer auch – bis zum Juli 1786. Da war Goethe auf einmal weg. Natürlich, tröstete man sich, er ist, wie oft schon, zur Kur in Karlsbad. Aber er kam nicht wieder. Weimar ohne Goethe, das war wie ungekühlter Champagner ohne Korken oder wie Dornröschen ohne Prinz.

Schiller besuchte Weimar: viele nette Leute, aber kein Goethe. Als er ihn endlich traf – gleich nach dessen Rückkehr, am 7. September 1788 –, hatte er bereits eine Professur in Jena angenommen. Nun war (und ist) Jena für einen kräftigen Fußgänger vier Stunden, für einen geübten Reiter (oder Radfahrer) knapp eine Stunde entfernt. Die Jenaer Studenten kamen dauernd nach Weimar, weil da was los war in der frühen Goethe-Zeit. Aber so richtig eng wurde Schillers Beziehung zu Weimar doch erst, als er zehn Jahre später seine Wohnung dorthin verlegte. Dieser Umzug und Anna Amalias Laienspielscharen machten aus Weimar erst das, was es vorher – neben Meiningen etwa oder Gotha – nie war: eine Theaterstadt. Goethe gehörte natürlich auch wieder dazu.

Er hatte, aus Italien zurückgekehrt, sich von allen Regierungsgeschäften entbinden lassen und 1791 die Leitung des neugegründeten Hoftheaters übernommen. Rietschels Denkmal auf dem Theaterplatz, das Schiller und Goethe in einer so einander nahen Pose zeigt, wie sie sie im wirklichen Leben kaum je eingenommen haben dürften, ist schön, weil es so sinnvoll und so richtig ist. Ihre Zusammenarbeit in den Jahren

Von jungen Wilden zu weltberühmten Weisen

Eine der schönsten Brunnenanlagen Weimars ist der Donndorfbrunnen von 1895 in der Rittergasse.

Auf den Spuren der Klassiker: Das Haus, das Schiller mit seiner Familie 1802 bezog, ist das älteste Gebäude in der Straße.

In der Schillerstraße

In der Mansarde des Schillerhauses: das Arbeitszimmer des Dichters (oben), der Gesellschaftsraum (unten).

1796 bis 1804 war Weimars Sternstunde. Dem Geschmack der Zeit mag Kotzebue mehr entsprochen haben. Aber in Weimar wurden sie zum ersten Mal aufgeführt, die Dramen, die damals die Intellektuellen in aller Welt beschäftigten (auch wenn sie sie ärgerten) und die ein japanischer Student der Germanistik noch heute wenigstens dem Namen nach kennen muß: «Don Carlos», «Wallenstein», «Maria Stuart», «Die Braut von Messina», «Die Jungfrau von Orléans» und «Wilhelm Tell». Damit hatte Weimar seinen Platz auf der Karte der Weltkulturstädte; wobei übrigens «Weltliteratur» ein von Goethe verbreitetes Wort ist.

Und damit ging eigentlich auch, was sie die Goldene Epoche Weimars nennen, schon zu Ende. Der Herzog hatte sich ganz so entwickelt, wie sein älterer Freund Goethe es erwartet hatte. Unter den Regenten, die in den vielen deutschen Ländern das Sagen hatten, war er der liberalste. Sein Großherzogtum Sachsen-Weimar-Eisenach erhielt als erster deutscher Staat eine Verfassung. Und Carl August wurde 1817 von der Bundesregierung in Frankfurt gerügt, weil er das Treffen der deutschen Studenten auf der Wartburg nicht untersagt hatte. Solidarisch hingegen hatte er sich den französischen Adeligen gegenüber verhalten, die vor der Revolution in Weimar Zuflucht gesucht hatten. Die Verwaltung und (soweit sie schon etwas zu sagen hatten) die Bürger Weimars protestierten gegen die Asylanten.

Es hatte ja, in unserem notwendig beschränkten Gesichtskreis unbemerkt, in Paris die große Revolution stattgefunden. In Weimar war die alte Epoche weitergegangen. Goethe und Schiller hatten prächtige Häuser bekommen. Von der Revolution merkte man erst etwas durch Napoleons «Gegen-Revolution». Von seinen Europa-Ideen wurde auch Weimar nicht verschont.

Es war nach der katastrophalen Niederlage des preußischen Heers bei Jena und Auerstedt, im Jahr 1806. Die Regierenden hatten, wie früher schon und später wieder, die Stadt verlassen. Nur die Herzogin Luise, die bis dahin doch eher das Dasein eines Mauerblümchens geführt hatte, trat Napoleon und seinen Soldaten entgegen: Bis hierhin und nicht weiter! Napoleon soll derart beeindruckt gewesen sein, daß er die Residenz ungestört ließ.

Und Ähnliches ereignete sich am Frauenplan. Was immer Goethe auch gerade getrieben haben mag – es war seine Lebensgefährtin Christiane Vulpius, die den Marodeuren entgegentrat und ihnen den Zutritt zum Haus verwehrte. Drei Tage später war sie Goethes Ehefrau. Und noch einmal hatte der Mann, dem Weimar so viel verdankt, damit ein Zeichen gesetzt: Daß ein mit allen möglichen Titeln behafteter und in den Adelsstand erhobener Großmogul ein Mädchen aus dem Volk nicht nur, wie durchaus üblich, zur Geliebten nahm, sondern sie heiratete – so etwas hatte es hier noch nicht gegeben. Nun mußten auch die Adeligen das Volk zur Kenntnis nehmen. Die meisten taten es ungern. Und das wurde schlimmer, nachdem Carl August (1828) und Goethe (1832) gestorben waren. «Hat man in Weimar nicht die direkteste Anknüpfung an den Hof», schrieb Heinrich Gutzkow 1840, «so ist in dem offenen Landstädtchen, wo alles klein, kümmerlich, langweilig hergeht, nicht zu existieren.»

Der Aufstieg des Bürgertums

Weimar war bis in die vierziger Jahre des 19. Jahrhunderts eine Stadt ohne Bürger. Mit «Bürgern» seien damit Leute gemeint, die selbständig und unabhängig vom Hof ihr Auskommen hatten und die zahlreich genug waren, als poli-

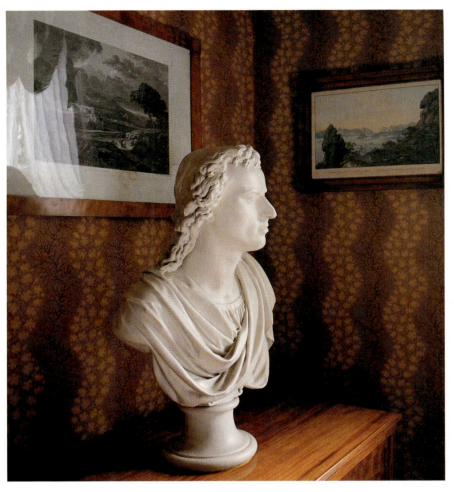

1988 eröffnete die Stadt Weimar direkt hinter dem Wohnhaus Schillers ein Museum, das sein Leben und Werk dokumentiert; hier eine Porträtbüste des Dichters.

Die klassische Vergangenheit Weimars verfolgt einen als Postkartengegenwart.

Die Musikhochschule «Franz Liszt» (oben), das Schillermuseum (unten).

tische Kraft die Entscheidungen der Großherzöge zu kontrollieren, wenn nicht zu korrigieren. Anderswo nannte man sie Patrizier. Eine durch Goethe initiierte «Mischungswut» zwischen Adel und Bürgertum, wie seine Schwiegertochter Ottilie es geglaubt hatte nennen zu müssen, war vorüber, noch ehe sie richtig angefangen hatte. Ganz abgesehen davon, daß Christiane Vulpius nicht der Typ war, den wir in diesem Zusammenhang als Bürgerin bezeichnen würden. Ihr Grab auf dem Jakobsfriedhof trägt noch heute keinen Grabstein.

Sie war jedoch, wie es sich so trifft, eine Angestellte des ersten wirklichen Weimarer Bürgers. In einem lichten Moment erhielt Friedrich Justin Bertuch von den Regierenden schon Ende des 18. Jahrhunderts die Erlaubnis, ein größeres Unternehmen zu gründen, das er Landes-Industrie-Comptoir nannte. Er fing an im Mediengeschäft, Bücher aller Art wurden bei ihm gedruckt, daneben auch Landkarten und Zeitschriften. Bald dehnte er seine Produktion weiter aus, auf wissenschaftliche Apparate, Möbel, Heizgeräte und Uhren und schließlich Souvenirs für Touristen. Christiane Vulpius fertigte künstliche Blumen. Die großen Dichter brachten der kleinen Stadt Ansehen und Ruhm; Bertuch brachte ihr, was sie in der ersten Hälfte des 19. Jahrhunderts noch dringender brauchte: Arbeit und Brot.

Bertuch starb 1822. Sein Schwiegersohn, der Arzt Ludwig Friedrich von Froriep, führte das Unternehmen weiter. Wie die Gesellschaft ihren jahrelang wichtigsten und vermutlich auch reichsten Bürger und besten Steuerzahler behandelte, erfahren wir aus dem ebenso verblüfften wie verblüffenden Bericht des Berliner Journalisten Ludwig Rellstab, der 1821 in Weimar zu Besuch war. Die Weimarer Gesellschaft, das war nach wie vor der Adel. Ein standesgemäßes Vergnügen des Adels bestand in regelmäßigen Besuchen des Theaters. Die feinen Plätze waren dabei für die Damen und Herren vom Hof reserviert. Ein Herr Froriep, der größte Unternehmer der Stadt, hatte beim Volk zu sitzen. Dem Berliner Journalisten kam das alles reichlich albern vor, und er dachte sich gar nichts dabei, während einer Pause in eine Adelsloge zu gehen, um Bekannten seine Aufwartung zu machen. Dieser Fauxpas sorgte noch tagelang für Empörung unter den Hofschranzen.

Nachdem Goethe alt geworden war und sehr zurückgezogen lebte, Erzherzog Carl August 1828 gestorben war, spitzte

Fortsetzung Seite 49

Der Aufstieg des Bürgertums

An den Niketempel auf der Athener Akropolis erinnert das Lesemuseum von 1859 am Goetheplatz.

UNVERGESSENE NAMEN
BERÜHMTE WEIMARER PERSÖNLICHKEITEN

Nach ihr ist Weimars schönste Bibliothek benannt. An sie erinnert das Wittumspalais am Theaterplatz. Mit ihrem Namen untrennbar verbunden sind auch Park und Schloß Ettersburg sowie das Anwesen Tiefurt, die sommerlichen Musensitze von **Herzogin Anna Amalia** (1739–1807). Die Prinzessin von Braunschweig-Wolfenbüttel hatte man 1756 mit Ernst August Constantin von Weimar vermählt – sie knapp 16 Jahre alt, er nur wenig älter. 1757 brachte die Herzogin mit Carl August jenen Erbprinzen zur Welt, der später zum großen Gönner Goethes werden sollte. Anna Amalias «Tafelrundenzimmer» wurde zum weit über die Residenz hinaus strahlenden Literarischen Salon.

Durch ihre Freundschaft zu Goethe berühmt gewordene Hofdame der Herzogin Anna Amalia war **Charlotte von Stein**, geborene von Schardt (1742–1827). Als Kind von Eisenach nach Weimar übergesiedelt, wurde sie später die Gattin des herzoglichen Oberstallmeisters Josias Friedrich von Stein. Interessant bis heute ist jedoch für die literarische Welt vor allem die zeitweise überaus leidenschaftliche Verbundenheit der Frau von Stein mit dem sieben Jahre jüngeren Goethe – er schrieb ihr über 2000 «Zettelgen» und Briefe, besuchte sie, so oft er konnte. Romane, Film- und Bühnenwerke haben die Höhen und Tiefen dieser teils familiär gewesenen Beziehung zum Inhalt. Das Haus der Frau von Stein in der Ackerwand und das zwischen Weimar und Rudolstadt gelegene Schloß Kochberg – der Landsitz der von Steins – erzählen von dem schicksalhaften Freundschaftsbund.

Herzog Carl August (1757–1828) schaute diesem Treiben mehr oder weniger gelassen zu. Der Regent, dessen Geschäfte bis 1775 Mutter Anna Amalia besorgte, hatte wohl mehrfach gleiche Erfahrungen gemacht. Dem Herzog ist es zu verdanken, daß Weimar zu einem Zentrum europäischen Geisteslebens reifen und Jenas Universität zu einer der allerersten Adressen in Deutschland werden konnten. 1775 holte der Herzog Goethe nach Weimar. Die beiden verband eine lebenslange, wenn auch nicht widerspruchsfreie Freundschaft. Der Herzog übertrug dem Dichter eine Vielzahl politischer Ämter. Und 1816 gab Carl August als erster deutscher Regent seinem Großherzogtum eine landständische Verfassung.

Wer Goethe sagt, muß auch **Johann Peter Eckermann** (1792–1854) sagen. Der als Registrator in der Hannoverschen Kriegskanzlei sein Dasein fristende junge Mann fühlte sich von der Malerei und der Poesie so stark angezogen, daß er keine Wege scheute, sich dem Mann anzunähern, dem er vom Sommer 1823 an aufs engste verbunden war: Goethe. Der literarischen Welt ist Eckermann bekannt als der Autor der «Gespräche mit Goethe in den letzten Jahren seines Lebens» – beim erstmaligen Erscheinen übrigens ein Mißerfolg. Als treuem Mitarbeiter, gelehrigem Schüler und Freund gelang es ihm wie kaum einem anderen, in die Gedankenwelt des Dichters einzudringen und diese schöpferisch so zu verarbeiten, daß die «Gesprächsbücher» zu einer Art Volksbuch avancierten.

Karl Ludwig von Knebel (1744 bis 1834), der von Goethe als «Urfreund», aber auch als «unzusammenhängender, sonderbarer Mann» beschrieben wurde, der Offizier, Prinzenerzieher und Schriftsteller, war Mitglied der «Tafelrunde» von Herzogin Anna Amalia und Autor des «Tiefurter Journals».

Linke Seite: Carl August, Herzog von Sachsen-Weimar (Gemälde von J. E. Heinsius, 18. Jahrhundert, Stiftung Weimarer Klassik, oben). – Harry Graf Keßler (Gemälde von Edvard Munch, 1906, Nationalgalerie, Berlin, unten). Rechte Seite: Friedrich Nietzsche (Ölskizze von Hermann Olde, um 1895, Goethe-Nationalmuseum, Weimar, oben). – Friedrich Justin Bertuch (Holzstich um 1880 nach zeitgenössischem Porträt um 1810, unten links). – Selbstbildnis der Charlotte von Stein (ehemals in Großkochberg, jetzt verschollen, unten Mitte). – Johann Peter Eckermann (Kreidezeichnung von Joseph Schmeller, um 1828, Stiftung Weimarer Klassik, unten rechts).

Der wie Goethe aus Frankfurt am Main stammende Maler **Georg Melchior Kraus** (1733–1806) war Schüler von Johann Heinrich Tischbein. 1775 siedelte Kraus nach Weimar über. Ein Jahr darauf übernahm er die von Herzog Carl August eröffnete und finanzierte «Fürstliche freye Zeichenschule» als Direktor.
Zusammen mit dem jungen Unternehmer, Schriftsteller und Verleger **Friedrich Justus Bertuch** (1747–1822) gab Kraus das «Journal des Luxus und der Moden» heraus, eine seinerzeit weitverbreitete Zeitschrift.
«Ich will meine kleine Freundin, die so viel an mir gethan[...] völlig und bürgerlich anerkennen als die Meine», hatte Goethe den Hofprediger wissen lassen, bevor er sich am 19. Oktober 1806 in der Jakobskirche mit **Johanna Christiane Sophie Vulpius** (1765–1816) hat trauen lassen. Als dieses Mädchen «niederer Herkunft» mit 23 Jahren in das Leben des fast doppelt so alten und standesmäßig höhergestellten Goethe trat, war die kleine Residenz entsetzt. Auch Charlotte von Stein und Schillers Ehefrau machten öffentlich Stimmung. Davon jedoch kaum beeindruckt, lebte das Paar sein gemeinsames Leben, verscheuchte vor allem die Frau des Dichters Lebensschwere und Hypochondrie mit Lachen, Begierde und Genuß.

Wie van de Velde war auch der Diplomat, Schriftsteller und Buchkünstler **Graf Harry Keßler** (1868–1937) bemüht, aufzubauen, was «uns vorschwebt: eine klare, gesunde, stärkende und produktive Lehre». Beauftragt mit der Direktion des Museums für Kunst und Kunstgewerbe, stellte er ab 1903 die Verbindung zwischen den großen Künstlern Europas und dem Weimarer Hof her. Von ihm initiierte Ausstellungen lockten Fachpublikum

Zum Freundeskreis der Goethes, wenn nach den Worten des Dichters auch 50 Jahre zu spät, gehörte der 1816 zum großherzoglichen Oberbaudirektor von Weimar berufene Architekt **Clemens Wenzeslaus Coudray** (1775 bis 1845). Seine Handschrift tragen einige Straßenzüge in Weimars Innenstadt. Zur Ausbildung bester Fachkräfte gründete er 1829 die Freie Gewerkeschule.
Der belgische Architekt und Kunsthandwerker **Henry van de Velde** (1863–1957) wurde 1902 zur Einrichtung kunsthandwerklicher Seminare in die Stadt an der Ilm berufen. Nach seinen Entwürfen entstand im Jahr 1904 das Gebäude der Weimarer Kunstschule. Sein Wohnhaus «Hohe Pappeln» und die Umgestaltung der Räume im Erdgeschoß der Villa Silberblick, der heutigen Nietzsche-Gedenkstätte, sind weitere van-de-Velde-Arbeiten in Weimar. Seine weitreichende pädagogische Tätigkeit bereitete mit den Boden dafür, daß der in Europa anerkannte Jugendstilmeister 1906 zum Direktor der Kunstgewerbeschule Weimar ernannt wurde.

und Besucher von überall her in das «Neue Weimar». Im Jahr 1913 gründete Graf Keßler, dessen Einfluß auf das Kunstleben der Stadt enorm war, die Cranach-Presse Weimar, die er bis 1931 leitete.
Progressiv war auch der Architekt **Walter Gropius** (1883–1969), der 1919 das Staatliche Bauhaus Weimar gründete und diesem als erster Direktor vorstand. Neu an dieser 1925 nach Dessau übergesiedelten Kunstschule war das Streben, freie und angewandte Künste, Kunst und Handwerk synthetisch zu verbinden.
Er gleiche «nicht einem Kranken oder Wahnsinnigen, sondern eher einem Toten», notierte Graf Keßler nach einem Besuch bei dem Philologen, Schriftsteller und Philosophen **Friedrich Nietzsche** (1844–1900), für den der begeisterte Künstler ein (nicht realisiertes) Denkmal entworfen hatte. Der zeitlebens umstrittene Philosoph, das «Jahrhundertmißverständnis Nietzsche», verbrachte von 1897 an seine letzten Lebensjahre in Weimar bei seiner Schwester in der Villa Silberblick.

Im Wohnhaus der Charlotte von Stein ging zeitweilig auch Goethe ein und aus.

Das Wahrzeichen Weimars: Goethe und Schiller vor dem Deutschen Nationaltheater.

Der Aufstieg des Bürgertums

sich unter dessen Enkel und Nachfolger Karl Friedrich das Verhältnis zwischen einem nun aller eindrucksvollen Persönlichkeiten ledigen Hofadel und einem noch nicht selbstbewußten Bürgertum in einer Weise zu, wie das zu Anna Amalias Zeiten undenkbar gewesen wäre. Da hatte zum Beispiel Weimar Zuzug erhalten aus Danzig von einer Frau, die zumindest als Mutter der beiden Kinder Adele und Arthur bekannter geworden ist als die weimarischen Großherzöge nach 1828 zusammengenommen. Johanna Schopenhauer war es gelungen, so etwas wie einen bürgerlichen Salon – neben all den vielen Adelssalons – zu gründen, wo man einander traf, um über die letzte Theateraufführung, über Literatur und Musik, vermutlich auch über den aktuellen Gesellschaftsklatsch zu reden. Das florierte vor allem, weil Goethe dabei gerngesehener und selten fehlender Gast war.

Ein Johann Diederich Gries schrieb darüber 1829: «Freilich ist auch die Gesellschaft in Weimar für sie (Madame Schopenhauer) nicht mehr, was sie ehemals war. Sie pflegte sonst an allen geselligen Zusammenkünften des Adels teilzunehmen. Nun hat der jetzige Großherzog die Gewohnheit angenommen, sich häufig bei diesen einzufinden, und da sein eingefleischter Haß gegen die bürgerliche Canaille bekannt ist, wagt man nicht mehr, solche einzuladen. Daher sieht die arme Frau sich jetzt aus vielen Gesellschaften verbannt, wo man sie ehemals mit Freuden aufnahm.»

Bei solchen Spannungen zwischen Adeligen und Bürgerlichen ist es eigentlich sonderbar, daß die französische Juni-Revolution von 1830 ganz spurlos an Weimar vorübergegangen ist. Es wurde gewiß darüber geredet. Einige hatten das Gefühl, es werde doch nun etwas passieren, und manchen hohen Herren bei Hof soll recht unbehaglich gewesen sein. Aber wie die Hofdame Karoline Egloffstein es fröhlich formulierte: «Alles spricht von Revolution, und es ist keiner da, der Lust hätte, eine zu machen.»

Karoline Egloffstein, die Herzoginmutter Anna Amalia, die Großherzogin Luise, Christiane Vulpius-von Goethe, Corona Schröter, Charlotte von Stein, Johanna und Adele Schopenhauer, Charlotte von Kalb, Karoline Herder, Sophie La Roche, Luise von Göchhausen, Caroline Jagemann, Maria Pawlowna... – es fällt auf, wie viele weibliche Namen hier zu nennen waren oder noch hätten genannt werden können, und die meisten mit

Gegenüber dem Nationaltheater steht die Remise von 1823. In dem Gebäude, in das 1955 die städtische Kunsthalle einzog, ist seit Mai 1995 das Bauhaus-Museum Weimar untergebracht.

Stolz, den Blick nach vorne: Das berühmte Denkmal für Goethe und Schiller von dem Bildhauer Ernst Rietschel wurde 1857 feierlich enthüllt.

49

In der Schillerstraße, heute Fußgängerzone, verlief einst die Esplanade, eine breite, mit Linden bepflanzte Alleenstraße, auf der die Weimarer Gesellschaft promenierte.

Ungewöhnlicher Schmuck für den Garten: Von den Surrealisten ließ sich wohl der Künstler inspirieren, als er eine barocke Skulptur in eine moderne Plastik verwandelte.

Respekt. Manche späteren Bemühungen um Emanzipation der Frauen kommen einem da etwas anachronistisch vor. Jedenfalls gab es im Weimar des frühen 19. Jahrhunderts mehr bewundernswerte Frauen als bewundernswerte Männer. Sie gaben den Ton an. Sie mögen das größere Risiko getragen haben; aber sie trugen es mit mehr Fassung.

Auch wo es um die Grundlagen der Existenz ging, um die Kinder, um die Ernährung, um Wohnung und Kleidung, um das Versorgen der Alten und Kranken, waren sie die Lebenstüchtigeren. In einem armen Städtchen, wie es Weimar bis weit ins 19. Jahrhundert hinein war, machte sich das besonders bemerkbar. Kinder wurden zu Hause geboren, und nur die Hälfte von ihnen erreichte das siebte Lebensjahr. Jedes vierte Jahr drohte eine Hungersnot, da das Getreide verhagelt war und die Möglichkeiten der Kartoffel als Getreideersatz erst spät erkannt wurden. Die Häuser waren, wiederum bis weit ins 19. Jahrhundert hinein, eher Hütten, aus Holz und Lehm und Stroh gebastelt. Irgendwo brannte es immer, weswegen das Rauchen zeitweilig verboten war, wenn auch nicht, weil es etwa als gesundheitsschädlich empfunden worden

wäre. Die wenigen Ärzte leisteten ganz ohne Pharmaindustrie Bewundernswertes. Zahnärzte allerdings gab es nur als ambulantes Gewerbe. In den lokalen Generalanzeigern priesen sie ihre Künste marktschreierisch an.

Das gesamte Wirtschaftsleben beruhte auf dem Familienbetrieb, sei es in der Landwirtschaft oder im Handwerk. Alle Arbeit mußte geleistet werden von der Frau, dem Mann, den Kindern und etwaigen Anverwandten. Wer sich Dienstboten oder Gesellen leisten konnte, hatte schon den ersten Schritt zu einem bescheidenen Wohlstand getan.

Wenn man die Entwicklung Weimars mit der anderer Städte vergleicht, so ist gewiß vieles ähnlich. Aber es fehlt in der Residenzstadt genau der Stand, der anderswo entscheidend zum Entstehen eines starken Bürgertums beigetragen hat, auch wenn wir dabei nicht gleich an Städte wie Frankfurt oder Hamburg denken wollen: Es fehlte der überregionale Kaufmann. Niemand vermag zu sagen, warum das Unternehmen Bertuch-Froriep so lange keinen ebenbürtigen Nachfolger fand. Ein paar Gründe gibt es immerhin: Weimar war verkehrspolitisch so ungünstig wie nur möglich gelegen. Die großen Handelsstraßen von

Der Aufstieg des Bürgertums

Der Brunnen in Nürnberg von Pankraz Labenwolf stand Pate für den Gänsemännchenbrunnen vor dem Schillerhaus.

Rund um den Herderplatz, einst Töpfermarkt genannt, entstand das mittelalterliche Weimar.

Der Aufstieg des Bürgertums

Süden nach Norden und von Westen nach Osten liefen an ihm vorbei. Weimar hatte auch zu wenig Geld, um ein guter Kunde, und zu wenig anzubieten, um ein guter Lieferant zu sein.

Dazu hatte sich wohl doch die fixe Idee festgesetzt: Wir sind eine Kulturstadt. Warum sollen wir in die Fremde reisen? Die Fremden reisen doch zu uns. In der Tat hatten sich im frühen 19. Jahrhundert so viele Hotels und Restaurants aufgetan wie in keiner anderen Stadt vergleichbarer Größe. Da gab es am Markt den «Elephant», den «Erbprinz» und den «Schwarzen Bären», am Karlsplatz den «Alexanderhof» (später «Russischer Hof»), in der Breitengasse den «Schwarzen Adler» und die «Goldne Sonne», in der Gerbergasse den «Goldenen Löwen», am Töpfermarkt (Herderplatz) das «Hotel de Saxe», am Frauentor den «Weißen Schwan» (wo Goethe gern verkehrte, schon weil es gleich neben seinem Haus lag) und schließlich in der Windischengasse den «Anker». Und die scheinen alle gut im Geschäft gewesen zu sein. Weimar war ja wirklich ein begehrtes Ziel für Fremde geworden; keineswegs nur für Deutsche. Erstaunlich viele Engländer gab es zum Beispiel. Der französische Emigrant Jean Joseph Mouniers hatte ein Internat für junge Engländer gegründet, das sogar eine Zeitlang im Schloß Belvedere residieren durfte. Als es nach ein paar Jahren wieder schloß, war eine richtige englische Kolonie in Weimar entstanden, die sich hohen Ansehens erfreute und nahezu dem Adel gleichgestellt wurde.

Im Vertrauen auf den Fremdenverkehr wurde jede größere industrielle Niederlassung in der Stadt Weimar untersagt. So gründete Carl Zeiß, der aus Weimar stammte, seine optischen Werke in Jena, das dadurch zur wohlhabenden Stadt wurde.

Auch Weimar mußte lernen, daß Kultur zwar Fremde anlockt, am Ende jedoch mehr kostet, als sie einbringt, ganz abgesehen davon, daß nicht jede Generation in einer kleinen Stadt einen Goethe und einen Schiller hervorbringt. Zu allem Überfluß brannte 1825 auch noch das Theater nieder. Zwar war es in weniger als einem Jahr wiederaufgebaut; aber den Ruhm von einst erreichte es nicht. Warum holte man sich denn keinen neuen Direktor und bessere Schauspieler? Die Weimarer Antwort auf diese Frage hieß: Weil man keinen finden kann, der ohne Gage arbeitet.

Da tauchte ein alter Traum wieder auf: Wenn es mit der Literatur nicht mehr so gut lief, warum dann nicht Musik? War denn Weimar nicht einmal stolz gewesen auf die erste Hofoper Deutschlands, die schon 1696 eröffnet worden war mit dem vielversprechenden Opus «Die den lasterhaften Begierden entgegengesetzte tugendhafte Liebe»? Nachdem die Oper leider zusammen mit dem Schloß abgebrannt war, ohne inzwischen Weltruhm erworben zu haben, schien ein neuer Glücksfall ins Haus zu stehen.

Im Jahr 1708 zog ein damals 23jähriger Musiker nach Weimar, der als junger Organist in der Musikwelt schon einen guten Namen gewonnen hatte und gewissermaßen ein Nachbarskind war, nicht nur ein Thüringer, sogar ein Eisenacher: Johann Sebastian Bach. Er machte zunächst auch recht gut Karriere, wurde 1714 Hoforganist und dann auch Konzertmeister. Aber er war nicht der folgsame Untertan, wie ihn der regierende Herzog von Sachsen-Weimar haben wollte. Als daher 1717 die Stelle des Kapellmeisters, heute würden wir ihn Generalmusikdirektor nennen, frei wurde, gab der Herzog einem viel weniger qualifizierten Kandidaten den Vorzug. Nun konnte Bach guten Gewissens tun, was er eigentlich sowieso wollte: Er ging als Kapellmeister nach Köthen,

1776 wurde Johann Gottfried Herder als Generalsuperintendent und erster Prediger an die Stadtkirche berufen. 1850 ehrte ihn die Stadt mit einem Denkmal vor seiner einstigen Wirkungsstätte.

Blickfang vor der ehemaligen Bürgerschule in der Karl-Liebknecht-Straße: die vergoldete Figur des «Lesenden Knaben».

Kultur macht durstig: Trotz all der bedeutenden Sehenswürdigkeiten sollte man nicht versäumen, eines der gemütlichen Lokale zu besuchen; hier die Weinstube «Sommer's» in der Humboldtstraße.

In der Jakobskirche, einem schlichten Bau mit schiefergedeckter barocker Turmhaube, ließen sich 1806 Goethe und Christiane Vulpius trauen.

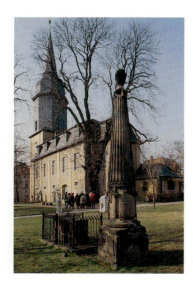

42 Jahre zu früh für Anna Amalia, die ihn sicher nicht hätte gehen lassen.
Und noch einmal zog es die Musik nach Weimar, diesmal zu einer Zeit, als die Stadt eine Aufmunterung gut hatte brauchen können. 1848 trat Franz Liszt, inzwischen ein Pianist von weit über Deutschland hinausreichendem Ruhm, als ordentlicher Kapellmeister in weimarische Dienste. Mit Hilfe seiner ständigen Begleiterin, der mit einem Russen deutscher Herkunft nur auf dem Papier noch verheirateten polnischen Fürstin Caroline von Sayn-Wittgenstein, inszenierte er auf der Altenburg am Stadtrand ein Musikleben, das Meister und Schüler von weither anlockte. Es kamen Hector Berlioz, Robert Schumann, Johannes Brahms und Richard Wagner. Liszt hatte den Plan, aus Weimar ein großes Musikzentrum zu machen. Der scheiterte jedoch an dem mangelnden Engagement des Adels und des Bürgertums sowie an den finanziellen Mitteln.
1858 legte Liszt sein Amt nieder. Aufschlußreich ist ein letzter Versuch. Anfang 1860 schreibt er in einem Brief an den Großherzog Carl Alexander: «Gewähren Sie mir mit einem Titel und Rang bei Hofe die Möglichkeit, auf Theater und Musik in Ihrer Stadt Einfluß auszuüben.» Er hatte richtig erkannt, daß in Weimar die wichtigen Entscheidungen noch immer von Leuten «mit Titel und Rang» getroffen wurden. Aber er hatte die Potenz des Adels falsch eingeschätzt, wo es um die neue, die schließlich ausschlaggebende Macht ging: die Macht des Kapitals.
Gewiß gab es auch nach den Revolutionen von 1789, 1830 und 1848 noch begüterte Adelsfamilien. Was die besaßen, war vor allem Grund und Boden. Gebraucht wurde jedoch Bargeld. Denn nachdem die Weimarer Bürger begriffen hatten, daß «Residenz» zu sein nicht mehr genügte, nachdem auch der Hof sich dieser Einsicht hatte fügen müssen, gab es jetzt auf einmal viel zu tun. Ordentliche Straßen mußten gebaut werden, um herauszukommen aus der Isolation. Und die Zeiten des biedermeierlichen Rokoko waren zu Ende, als 1846 die thüringische Eisenbahngesellschaft eine direkte Zugverbindung herstellte zwischen Halle, Weimar und Erfurt, als Weimar seinen Bahnhof bekam. An Arbeit fehlte es jetzt nicht mehr. Es fehlte an Geld, die Arbeiter zu bezahlen. Als Weimar in der zweiten Hälfte des 19. Jahrhunderts mit einiger Verspätung eine moderne Industriestadt werden

wollte, mußte die Kulturstadt auf alles verzichten, was jenes Geld kostete, das zum Aufbau eines «Standorts», wie man das heute wohl nennen würde, so dringend gebraucht wurde. Um so anerkennenswerter, daß viele Bauwerke, die noch heute Zeugnis ablegen von den großen Zeiten, darunter auch ein neues Hoftheater, bewahrt, und das hieß ja immer wieder auch bezahlt, werden konnten. Weimar fing an, ein ansehnliches Städtchen von inzwischen etwa 60 000 Einwohnern zu werden – da kam der Erste Weltkrieg.

Aufbau und Zusammenbruch der Demokratie

Der Krieg wurde verloren. Das Leben mußte irgendwie weitergehen. Als provisorische Regierung Deutschlands hatte sich ein Allgemeiner Kongreß der Arbeiter- und Soldatenräte zusammengeschlossen. Durch ihn wurde Weimar vor eine unerwartete Aufgabe gestellt. Einig war man sich, daß Deutschland eine demokratische Republik werden und daß die Hauptstadt Berlin bleiben sollte.
Aber der neue Staat brauchte eine Verfassung. Es herrschte auch Einigkeit darüber, daß die verfassunggebende Versammlung so bald wie möglich zusammentreten müsse. Nur wo? Gegen Berlin gab es Bedenken, die durch den Spartakusaufstand übermächtig wurden, und in München waren separatistische Neigungen zu befürchten. Im Herzen Deutschlands sollte es sein. So verfiel man auf Weimar. Zunächst stellten die Organisatoren fest, daß das auf Nationaltheater umgetaufte Hoftheater als Plenarsaal geeignet sei und die Abgeordneten alle in Hotels, in der Residenz und der Umgebung untergebracht werden könnten. Die Sicherheitsbeauftragten fanden, so sehr änderte sich die Geographie nicht, Weimar liege ziemlich isoliert und sei notfalls gegen Störungen von außen ganz gut abzuriegeln.
Und am Ende jubelten die Ideologen. Wäre es nicht vielversprechend, dem geschmähten militärischen «Geist von Potsdam» nun einen ganz zivilen «Geist von Weimar» entgegenzustellen?
Zunächst schien Weimar dabei, die Lücke zu schließen, die bei einer auf Poesie und Musik gegründeten Kulturstadt doch empfunden wurde. Zur bildenden Kunst, zur Architektur hatte das inzwischen recht hübsche und noch immer wunderschön gelegene Städtchen keinen nennenswerten eigenen Beitrag

Eine Fundgrube für Liebhaber wertvoller alter Bücher und Schriften sind die Antiquariate in der Innenstadt.

An der südlichen Außenwand der Jakobskirche liegt die Cranach-Gruft. Hier wurden neben dem Maler Lucas Cranach d. Ä. auch andere Weimarer Künstler beigesetzt.

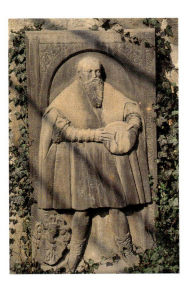

55

Neben dem obligatorischen Zwiebel- und Speckkuchen werden auch kunstvolle Gestecke auf dem Zwiebelmarkt angeboten.

Die typische Thüringer Rostbratwurst darf bei einem Besuch in Weimar nicht fehlen. Am Imbißstand sollte man darauf achten, daß die Wurst auch auf einem Holzkohlefeuer gebraten wird.

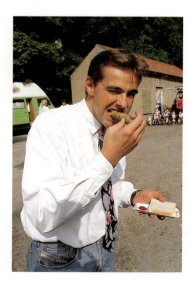

geleistet. Da traf es sich so, daß Vereinbarungen, die noch aus großherzoglichen Zeiten herrührten, gerade 1919, als die Politiker noch mit der Verfassung beschäftigt waren, Weimar beinahe zu einem Zentrum deutscher Architekturgeschichte gemacht hätten. Walter Gropius wurde als Leiter der zusammengeschlossenen Schulen für Kunstgewerbe und für Bildende Kunst gewählt, die er «Staatliches Bauhaus in Weimar» nannte. Der Plan war, Architekten, Bildhauer und Maler gemeinsam als Handwerker am Bau von Häusern arbeiten zu lassen. Berühmte Künstler wie Lyonel Feininger, Gerhard Marcks, Johannes Itten, Oskar Schlemmer, Paul Klee, Lovis Corinth oder Wassily Kandinsky konnten für den Plan gewonnen werden.

Aber die Politiker wollten nicht mehr. Wahrscheinlich hatten sie einen großen Teil der Bevölkerung auf ihrer Seite. Überall fehlte es an Geld. 1925 wurde der ohnehin nicht üppige Etat des Bauhauses auf die Hälfte zusammengestrichen. Das war das Ende. Glücklicherweise waren die Künstler um Gropius und das Projekt inzwischen so bekannt geworden, daß sie anderswo Unterstützung fanden. Seitdem gilt Dessau als Heimat des Bauhauses.

1920 war Thüringen zu einem Freistaat des Deutschen Reichs geworden, mit Weimar als Hauptstadt – zum ersten Mal seit jenem legendären Königreich im Frühmittelalter. Da fällt mir die Frage nach dem Charakter der Weimarer wieder ein und die Antwort des Engländers John Russell, die ja eigentlich nicht so richtig ins Ziel zu treffen schien, sich aber als so wahr erweisen sollte: «Ihr politisches Leben ist noch zu jung.» Seitdem das Verbot von Industrieansiedlungen nach 1848 aufgehoben werden mußte, wimmelte es auf einmal von hoffnungsvollen Unternehmern. Jetzt wurden nicht mehr nur Spielkarten, Parkettfußböden oder Lederwaren produziert. Jetzt kamen auch noch Eisenbahnwaggons, landwirtschaftliche Maschinen und Stahlhochbau dazu. Jetzt gab es binnen kurzem eine an Zahl überlegene Arbeiterklasse. Ihr politisches Leben war noch sehr jung.

Weimars Bevölkerung in den zwanziger Jahren bestand nun aus den mißvergnügten Enterbten des Hofs, aus kleinen Gewerbetreibenden, Handwerkern und noch ein paar Bauern, aus einer sehr dünnen Schicht etablierter Bürger und aus der ständig wachsenden Zahl von Menschen, die in den Fabriken Arbeit fanden. Das waren etwa 60 000 Einwohner. Eine solide Mittelschicht fehlte. Da Ähnliches für viele Orte im Raum zwischen Saale und Unstrut galt, war Thüringen, Goethe hin, Schiller her, das erste deutsche Land, in dem die Wähler sichtbar zwischen den politischen Extremen schwankten. Als erste hatten die Weimarer Kommunisten in ihrer Regierung und als erste auch, nur acht Jahre später, Nationalsozialisten. Es lag nahe, gegen die Fürsten und Herzöge zu sein. Aber für wen? Im Zweifelsfall für diejenigen, die am meisten versprachen: Verbesserung der wirklich elenden Lebensverhältnisse – sei es durch internationale Arbeitersolidarität, sei es durch Beschwörung eines neuen, eines besseren, eines Dritten Deutschen Reichs.

Der Ausgang ist bekannt und erklärbar. Die Mehrheit hatten bis zuletzt eher biedere Sozialdemokraten, deren oft intellektuelle Sprecher von den eigenen Leuten nicht immer verstanden wurden. Kommunisten und Nationalsozialisten sprachen deutlicher. Und die Nationalsozialisten wurden besser verstanden. Man denke nun aber nicht, das sei von oben, also von Berlin gekommen. Weimar wurde zu einer Lieblingsstadt des Führers, noch vor München und Nürnberg. Der erste große Parteitag der

Fortsetzung Seite 63

Aufbau und Zusammenbruch der Demokratie

Im «Autonomen Cultur Centrum», dem «ACC» (oben), in einer Weimarer Metzgerei (unten).

EINE KNOLLE WIRD GEFEIERT
DER ZWIEBELMARKT

Jedes Jahr am zweiten Oktoberwochenende wird der erhabene Glanz des klassischen Weimars um ganz und gar Bodenständiges aus seinem ländlichen Umfeld bereichert – die Zwiebel und den Knoblauch.
Wenn von freitags bis sonntags der Duft von Zwiebeln und daraus gebackenem Kuchen über der Innenstadt liegt und bis hinein in die Häuser zieht, in denen einst Goethe und Schiller lebten oder ihre Werke aufgeführt wurden; wenn trotz herbstlicher Kühle und vielleicht auch nebelgrauer Tristesse sich fröhliche Menschen durch die Straßen und Gassen des Stadtzentrums schieben, wenn die frischgekürten «Miss Zwiebel» und «Miss Knoblauch» ihre Runden zwischen Markt, Frauenplan, Schillerstraße und Theaterplatz drehen; wenn ununterbrochen die Zapfhähne laufen und zahllose Musikanten dazu spielen; wenn Bratwurstroste, Zwiebel- und Speckkuchenbäckereien einander den Rang ablaufen wollen, dann ist Zwiebelmarkt in Weimar. Abgehalten seit Jahrhunderten als ein Spezialmarkt wie auch der Wollmarkt einst einer war, mauserte sich dieser jedoch mehr und mehr zum Volksfest, das Jahr für Jahr zahlreiche Besucher von nah und fern begeistert.
«Heute ist hier das große weimarische Landesvolksfest, der Zwiebelmarkt. Zu allen Toren der Stadt kamen heute früh große Fuhren von Zwiebeln und Sellerie, die an beiden Seiten des Frauenplans, an der Straße und der Esplanade appetitlich ausgelegt sind. Goethe ließ davon für 14 Pfennig für das ganze Jahr einkaufen und hing sie an seinem Fenster patriotisch auf, was einiges Aufsehen machte.» Goethes Freund Karl Friedrich Zelter schrieb dies seiner Tochter Doris aus Weimar im Oktober 1827. Auch heute sind am Goethehaus übrigens zum Zwiebelmarkt die Fenster mit den goldgelben und goldbraunen Zwiebelrispen geschmückt.
Wenn manche den Markt auch gern noch weiter zurückdatieren möchten: Urkundlich erstmals erwähnt wurde der «Viehe- und Zippelmarckt» zu Weimar am 24. Mai 1653. Da lebten in der Stadt noch nicht einmal 5000 Menschen. Weitere schriftliche Erwähnungen finden sich – Sie werden es ahnen bei einem Buch über Weimar – in den Tagebüchern Goethes. 1806 beispielsweise, im Jahr der Kriegswirren und der Niederlage der preußischen Truppen bei Jena/Auerstedt, fand demnach ein «Zwiebelmarkt ohne Zwiebeln» statt. Jahre später aber müssen die Zeiten wieder besser gewesen sein, da ermahnte der dichtende Minister brieflich einen Freund, ja nicht zu versäumen, die gute Wirkung tuenden «vegetabilischen Späße bei uns von dem famosen Markt abzuholen». Und eine Jugendgespielin der Kinder Goethes, Ida Freiligrath, erinnerte sich: «Einmal – es ist mir unvergeßlich und unerklärlich – gab er uns Geld und den Auftrag, von den längsten Zwiebelrispen, die wir finden konnten, einzukaufen und ihm zu bringen. Wir durchliefen die Reihen der ländlichen Verkäufer und Verkäuferinnen und wählten die schönsten und längsten der Zwiebelrispen, beluden uns damit und schleppten sie zu Goethe, der uns nun befahl, sie an einer Schnur über seinem Schreibtisch zu befestigen.»
Die Zwiebelbauern kommen bis heute aus Heldrungen und Dörfern der Goldenen Aue. Ganz früh reisen sie an, doch nicht mehr so, wie es der Heimatdichter Oskar Wilhelm Imhof erzählt: «Die Heldrunger Gemüsebauern benötigten mit ihren Pferdegespannen bei voller Ladung (40 bis 50 Zentner) durchschnittlich zwölf Stunden für die 46 Kilometer lange Strecke nach Weimar. Gefahren wurde vorwiegend in kleinen Gruppen von zwei bis drei eisenbereiften, mit einer Plane überdeckten Ackerwagen. Die anstrengende Reise, an der sich – wie an der Ernte, der Zwiebelrispenherstellung und dann auch am Verkauf – meist die ganze Familie beteiligte, wurde von Rasten auf halbem Wege unterbrochen. Der Wirt im Gasthof Großneuhausen hatte dazu vorsorglich einen Gehilfen zum Abschirren und Tränken der Pferde bestellt [...] Meist langten die Heldrunger bereits ein bis zwei Tage vor Eröffnung des

---

Weimarer Zwiebelkuchen

Zutaten für den Teig:
300 Gramm Weizenmehl, 100 Gramm Margarine, 100 bis 150 Gramm Milch, 25 Gramm Hefe, eine Prise Salz

Zutaten für den Brei:
80 Gramm Grieß, 500 Gramm Milch, 5 Gramm Salz

Sonstige Zutaten:
1 Kilogramm Zwiebeln, 100 Gramm Öl,
50 Gramm Milch, ein Ei, 10 Gramm Kümmel

Aus den genannten Zutaten einen Hefeteig bereiten und eine Stunde stehenlassen. Die Zwiebeln schälen und raspeln, mit dem Öl unter Zugabe von einer Prise Salz schmoren, aber nicht braun werden lassen. Den Brei aus oben angegebenen Zutaten kochen und abkühlen lassen. Den Teig auf das Blech ausrollen, angehen lassen, den Brei aufstreichen, die geschmorten Zwiebeln darauf verteilen. Ein Ei mit 50 Gramm Milch verquirlen und über die Zwiebeln gießen, Kümmel aufstreuen, bei guter Hitze backen. Zur Verfeinerung kann der Brei mit 100 Gramm Quark versetzt werden. Anstelle des selbstbereiteten Hefeteigs können auch beim Bäcker 400 Gramm Brötchenteig bestellt und 100 Gramm Margarine daruntergearbeitet werden.

Marktes in Weimar an. Bei privaten Gastgebern oder in Hotels nahmen sie Quartier. Den Abend vor dem Aufbauen der Stände verbrachte man meist in den Gaststuben in feucht-fröhlicher Runde, der sich auch Weimarer Bürger zugesellten.»

Angeboten werden die Zwiebeln und Knoblauchzehen nicht lose, sondern als sogenannte Rispen oder, wie es der Volksmund treffend vereinfachte, Zwiebel- oder Knoblauchzöpfe. Die Tatsache, daß deren Herstellung eine «Wissenschaft für sich» ist, wird bestätigen, wer beim «Flechten» einmal zusehen konnte. Ein Berliner Ethnograph beschrieb diesen Vorgang sogar in einer wissenschaftlichen Arbeit: «Roggenstroh wird ‹gescheibt›, das heißt auf eine gleichmäßige Länge gebracht. Für eine Rispe werden – je nach Stärke – sechs bis 15 Halme benötigt. Mit dem Binden der Rispen wird vier Wochen bis 14 Tage vor dem Markt begonnen. Die ausgelesenen Zwiebeln werden freihändig von unten nach oben an das Stroh gebunden. An das untere Ende kommen die größten, an das Kopfende die kleinsten Zwiebeln. So verjüngen sich die meist vier-, selten nur dreikantig gebundenen Rispen nach oben zu. Die Verwendung verschiedenfarbiger Zwiebeln erhöht noch den optischen Reiz der kleinen Kunstwerke.»

Eine fertige Rispe zählt etwa 60 bis 70 Zwiebeln und wiegt drei bis vier Pfund. Aufgehängt in der gut durchlüfteten Küche, dient der Zopf weniger der Hausfrau oder dem Küchenchef zum Würzen, sondern vor allem als dekorativer Küchenschmuck.

Wer mit solch schwerem Gepäck vom Markt nach Hause ziehen will, der muß sich kräftig stärken. Zwei Spezialitäten schaffen es zum Zwiebelmarkt, die auch in Weimar traditionelle Thüringer Rostbratwurst zwar nicht zu verdrängen, wohl aber doch ernsthaft mit dieser zu konkurrieren: der Weimarer Zwiebelkuchen und der Weimarer Speckkuchen – beides selbstverständlich am besten ofenwarm gegessen. Neugierigen Hobbybäckern empfehlen wir, die nebenstehenden Rezepte auszuprobieren – Ihre Gäste werden begeistert sein.

Weimarer Speckkuchen

Zutaten für den Teig:
850 Gramm Weizenmehl, 50 Gramm Margarine, 100 Gramm Milch, 55 Gramm Zucker, 45 Gramm Hefe, 15 Gramm Salz

Zutaten für den Brei:
150 Gramm Grieß, 750 Gramm Milch, evtl. 1 Prise Salz

Sonstige Zutaten:
1,7 Kilogramm Speck, 5 Eier

Zubereitung: Den Hefeteig bereiten, den Brei kochen und abkühlen lassen. Den Teig auf dem Blech ausrollen und den Brei aufstreichen. Den feingewürfelten Speck gleichmäßig darauf verteilen und dann die geschlagenen Eier darübergeben. Backen bei normaler Hitze.

Linke Seite: Die Weimarer Zwiebelmarktkönigin.
Rechte Seite: Zum Zwiebelmarkt reisen von jeher die Gäste von nah und fern an (Fotografie um 1900, oben). – Es verlangt einiges handwerkliches Geschick, die kunstvollen Zwiebel- und Knoblauchzöpfe zu binden (unten).

Souvenir vom Zwiebelmarkt: liebevoll arrangierte Trockenblumensträuße.

Herbstlicher Gruß

Die Grabstätte der Familie Goethe auf dem Historischen Friedhof.

Nationalsozialistischen Deutschen Arbeiterpartei fand 1926 in Weimar statt. Es gab ja, wenn auch nicht völlig bewußt, doch noch diesen Stolz auf die große Vergangenheit. Die Nationalsozialisten nutzten ihn schamlos. Es wurde gelogen, daß sich die Balken bogen.

Ein Beispiel für Hunderte. Der Reichsjugendführer Baldur von Schirach spricht: «Jugend Adolf Hitlers! ... Du handelst im Sinne des Mannes, dem du dienst, wenn du den Inhalt alles dessen, was der Begriff Weimar und Goethe umschließt, in dich aufnimmst und in deinem treuen und tapferen Herzen einschließt, damit du immer weißt, worum es geht, wenn du für Deutschland kämpfen mußt.»

Da hatten die Nationalsozialisten bereits gesiegt. Thüringen hatte zum Sieg immer ein paar Prozent mehr beigetragen als die anderen deutschen Staaten. Und oben auf dem Ettersberg, wo einst Goethe den Orest gespielt hatte, entstand in dieser Zeit das berüchtigtste Konzentrationslager auf deutschem Boden, wo «Staatsfeinde» zunächst interniert, später umgebracht wurden. Wer Weimar besucht, darf sich den Weg zu diesem Denkmal in seiner grauenhaften Würde nicht versagen. Die Weimarer setzten damals durch, daß anstelle von Ettersberg ein Name gebraucht wurde, der in der klassischen Literatur nicht vorkommt: «Buchenwald». Aber Schirachs Jugend kämpfte für «alles, was der Begriff Weimar und Goethe umschließt». Bis alles in Scherben fiel.

Am neuen und vorletzten Umschlag von einem Extrem ins andere war nicht Weimar schuld, allenfalls seine geographische Lage. Die Siegermächte des Zweiten Weltkriegs hatten Thüringen der sowjetischen Besatzungszone zugeschlagen. Das hieß: Die Opfer der Konzentrationslager von gestern wurden die Herrschenden. Buchenwald fand Verwendung als Internierungslager für die Herren von gestern. Weimar war keine Hauptstadt mehr, sondern nur eine Kreisstadt im Regierungsbezirk Erfurt. Auch das noch.

Im übrigen muß man der Deutschen Demokratischen Republik, wie es ja nun hieß, zugestehen, daß ihre Verwalter, zunächst die Sowjets, dann die SED, mit Weimar pfleglich umzugehen sich bemüht haben. Zum Aufbau eines eigenen, eines sozialistischen Kulturanspruchs eignete es sich besser als das preußische Berlin, das dann erst später im Rahmen des Möglichen integriert werden sollte. Ein Glücksfall wollte es, daß ein Helmut Holtzhauer, Stalinist an-

geblich, sich beim Ostberliner Kulturpapst Johannes R. Becher unbeliebt gemacht hatte und nach Weimar abgeschoben wurde. Dort machte man ihn zum Chef der Nationalen Forschungs- und Gedenkstätten. Sei es, daß er von den Zeitzeugen verkannt worden war, sei es, daß er dem Charme der Weimarer Klassik erlag: Ihm verdankt das alte Weimar, daß es nicht nur halbwegs unbeschädigt über die Runden kam, sondern daß Museen und Monumente, Bibliotheken und Bürgerhäuser, Schauplätze und Schlösser erhalten, zum Teil auch erneuert und um ein Schillermuseum bereichert wurden. Er sorgte dafür, daß die 1885 gegründete Goethe-Gesellschaft zu neuem Leben erwachte. Wer seinerzeit in der Bundesrepublik den vor 1990 als ziemlich abwegig geltenden Wunsch aufrechterhielt, doch wenigstens jedes Jahr ein paar Tage im «anderen Deutschland» zu verbringen, der konnte nichts Besseres tun, als sich entweder bei der Leipziger Messe oder bei den Tagungen der Goethe-Gesellschaft akkreditieren zu lassen. Weimar hat viel getan für das Prestige der DDR. «Agitation», Pflicht jedes gewissenhaften DDR-Bürgers, vor allem Ausländern und Westdeutschen gegenüber, fand

Der Historische Friedhof wurde 1818 auf einer Fläche von rund 36 Hektar parkähnlich angelegt. Das Zentrum bilden die Russisch-orthodoxe Grabkapelle für die Herzogin Maria Pawlowna (oben links) und die Fürstengruft, in der auch Goethe und Schiller bestattet wurden (oben rechts). Eine Grabskulptur (unten).

Friedrich Nietzsche verbrachte die letzten Jahre seines Lebens in der Villa Silberblick, in der eine Gedenkstätte für den Philosophen eingerichtet wurde. Seit 1990 ist das von Henry van de Velde ausgestattete Bibliothekszimmer (oben) zu besichtigen. Eine Bronzeplastik Nietzsches in der Villa Silberblick (unten).

nicht aufdringlich statt. Wir hatten gute Erinnerungen an Weimar, als wir im November 1989 auch ohne Messe und ohne Goethe wieder hinfahren konnten, als wäre weiter nichts gewesen.

Und immer wieder der «Elephant»

Am 9. November 1989 war die Mauer gefallen, und Optimisten glaubten, nachdem ein paar Anfangsschwierigkeiten überwunden wären, könne das Leben in Deutschland nun so weitergehen, als wäre weiter nichts gewesen, nur daß eben DDR und BRD endlich zu ihrem Naturzustand «Deutschland» zurückgefunden hätten. In einer so sehr durch gemeinsame Vergangenheit gekennzeichneten Stadt wie Weimar konnte sich eine solche Illusion eher aufdrängen als, sagen wir, in Eisenhüttenstadt. Eine Illusion war es dennoch.

Thomas Mann hatte es sich leisten können, die Teilung von Anfang an zu ignorieren. Im gleichen Jahr 1949 nahm er den Goethe-Preis sowohl der Stadt Frankfurt wie der Stadt Weimar entgegen, und er hatte das erklärt in einer beinahe gleichlautenden Rede, die er in Frankfurt wie in Weimar hielt.

In Weimar wurde er empfangen, als ob nie ein sozialistischer Literaturkritiker von ihm als von einem überholten Nachfahren bürgerlicher Dekadenz gesprochen hätte. Nicht einmal DDR-Funktionäre konnten sich dem allgemeinen Jubel entziehen. Der Schriftsteller war glücklich. Nur eines hatte ihn ein wenig verdrossen: Man hatte ihn im Hotel «Kaiserin Augusta» einquartiert (das, wie alles in Deutschlands politischen Wechselbädern, mehrfach seinen Namen ändern mußte; zunächst wurde es umgetauft in «International», heute heißt es «Inter City» und gehört, im ungeliebten Norden der Stadt liegend, nicht zu den ersten Häusern am Platz). Als Thomas Mann zum zweiten Mal, im Mai 1955 zu Schillers 150. Todestag, wieder nach Weimar eingeladen wurde, machte er sein Kommen abhängig davon, daß er im Hotel «Elephant» wohnen könne. Denn wie war das doch gewesen? «Der Kellner des Gasthofes ‹Zum Elephanten› ... hatte an einem fast noch sommerlichen Tage ziemlich tief im September des Jahres 1816 ein bewegendes, freudig verwirrendes Erlebnis. Nicht, daß etwas Unnatürliches an dem Vorfall gewesen wäre; und doch kann man sagen, daß (er) eine Weile zu träu-

Und immer wieder der «Elephant»

men glaubte. Mit der ordinären Post von Gotha trafen an diesem Tage [...] drei Frauenzimmer vor dem renommierten Hause am Markte ein ...»
Der «Elephant» hieß, als die Frauen dort eintrafen, schon mehr als 100 Jahre «Elephant», er heißt noch heute so. Er ist, 1696 gebaut, neben der Kirche St. Peter und Paul das älteste und das bekannteste öffentliche Gebäude Weimars. Residenz und Rathaus waren im Lauf jener 300 Jahre abgebrannt und anders wiederaufgebaut worden. Der «Elephant» stand, stand auch den amerikanischen Luftangriff vom 9. Februar 1945 durch.
Daß er auch Hotel geblieben ist, hängt schon wieder einmal mit Goethe zusammen. Durch ihn und seine Besucher wurde der große und scheinbar reiche Fuhrmannsgasthof mit Poststation, der bankrott war, gerettet und binnen weniger Jahre zum ersten Haus am Platz. Als Bar war vor allem das Kellergewölbe beliebt, wo schon Goethe sein Gläschen getrunken hatte und wohin später die «haute volée» der DDR-Jungens ihre Freundinnen zum Tanz führte.
Das freilich war auch wieder, wenigstens indirekt, Goethe zu verdanken, denn seit es im Residenzschloß keinen Großherzog und nicht einmal mehr eine thüringische Landesregierung gab, war der Markt, wie in Bürgerstädten üblich, zum beherrschenden Zentrum geworden mit Rathaus – und «Elephant». Die Nationalsozialisten machten das Hotel zum Hauptquartier für illustre Gäste. Der große Elefant über dem Portal wurde entfernt und durch einen kleinen Balkon ersetzt, wo «der Führer» sich dem begeisterten Teil der Weimarer Bevölkerung zeigen konnte.
Von einer solchen Tradition mußte sich die Sowjetzone, aus der dann die DDR wurde, distanzieren. Die Räume des «Elephanten» wurden genutzt als Lehrerseminar. Bis eben Thomas Mann für seinen zweiten Besuch in Weimar die Bedingung stellte, er wolle im «Elephanten» wohnen. Man konnte diesen Wunsch schwer abschlagen, da ja Thomas Mann Weimar als die Stadt des «Elephanten» weltberühmt gemacht hatte durch seinen Roman «Lotte in Weimar», aus dem wir die Anfangssätze zitiert haben. Unter den «drei Frauenzimmern» war eben, mit Tochter und Zofe, die «Hofräthin Witwe Charlotte Kestner, geb. Buff [...], geboren am 11. Januar 1753 zu Wetzlar», kurz: Werthers Lotte.
Nachdem das Tabu einmal gebrochen war, scheute sich übrigens die gesamte

Der ungarische Komponist und Klaviervirtuose Franz Liszt trug viel zum musikalischen Ruhm Weimars bei; hier das Musikzimmer seines Hauses in der Marienstraße.

Die Porträtbüste Liszts von Lorenzo Bartolini im Vorzimmer des Liszthauses entstand 1883 bei einem Aufenthalt des Komponisten in Florenz.

Von 1778 bis 1828 wurde unter Goethes Mitwirkung im Ilmtal ein ausgedehnter Landschaftsgarten nach dem Vorbild des Wörlitzer Parks angelegt. In der Nähe der Sternbrücke (oben) steht am linken Ilmufer das 1803 im klassizistischen Stil umgestaltete fürstliche Reithaus (unten). Es beherbergt heute ein Schüler-Freizeitzentrum.

DDR-Prominenz nicht mehr, das «Interhotel Elephant» als Quartier wie als Restaurant zu bevorzugen.

«Im ‹Elephanten› war immer was los», erzählte mir unlängst eine jener als besonders schön gerühmten Thüringerinnen (ob Schönheit dort zum «Nationalcharakter» gehört, wenigstens bei Frauen?). Weimar tanzt nicht mehr. An alte Zeiten erinnert, die vor 1945, auch vor 1933 zurückreichen, fühlt man sich nur noch im «Resi(denzcafé)», wo auf der Terrasse in den alten Korbmöbeln noch immer vor allem junge Leute mit Trinken, Essen und Reden ihre freie Zeit verbringen. In den «Elephanten» gehen sie nicht mehr. Er hat jetzt so was Gelacktes, gewollt Vornehmes, auf modern Getrimmtes, Ledersessel sogar im sonst noch am ehesten wiedererkennbaren Kellergewölbe. Vielleicht ist auch das ein thüringischer Charakterzug, den der «Elephant» nun so gar nicht mehr hat: Er ist nicht gemütlich.

Ist das der Stil der neuen Zeit in den neuen Ländern? Der paßt noch nicht so recht auf einen von ganz alten Traditionen umgebenen Marktplatz. Der hat viel bessere Aussichten, in jeder Beziehung, draußen an der Belvederer Allee, im «Weimar Hilton», dem modernsten Hotel der Stadt. Es ist so teuer wie der «Elephant», nichts für Normalverdiener.

Das ist das große Problem für Weimar heute: Den Reiz alter Traditionen und die Standards modernen Lebens, Kultur und Geld, zusammenzubringen. Das war alles anders, als durch Fleiß und Bescheidenheit die alltäglichen Bedürfnisse befriedigt werden konnten und für den Luxus – Schlösser und Parks, Feste und Theater – adelige Großgrundbesitzer aufkamen.

Der größte Luxus, den sich Weimar geleistet hat, war es, auf Landschaftsbeschädigung durch Industrie bis weit ins 19. Jahrhundert hinein zu verzichten. Das ließ sich so bald nicht wieder aufholen, so sehr Industrialisierung auch forciert wurde, vor allem in den Jahren 1935 bis 1985. 1989 hatte Weimar immerhin zwei Großbetriebe, Weimarwerk und Uhrenwerk, die 7000 Menschen Arbeit gaben. Durch den Eisernen Vorhang hatte ihre Produktion ganz auf die sozialistischen Länder des Ostens ausgerichtet werden müssen. 1990 mußten die Betriebe geschlossen werden, «plattgemacht» sagt man in Weimar, was zu Unrecht bösen Willen unterstellt.

Und wer ist heute Weimars größter Arbeitgeber? Sie werden es so wenig glauben, wie ich es geglaubt habe: das Theater, mit 450 Beschäftigten. Auch sonst hat Weimar Platz für viele, die arbeiten wollen: bei der Stiftung Weimarer Klassik, an der Musikhochschule, bei der Restaurierung von Häusern, Schlössern und Parks. An Arbeit fehlt es nicht. Und da Weimar immer eine Stadt der Verwaltung und der Dienstleistungsbetriebe war, ist die Zahl der Arbeitslosen sogar relativ niedrig – so um die zwölf Prozent. Nur ist das eben fast alles Arbeit von der Art, die Geld kostet, nichts einbringt.

Viele Hoffnungen werden auf den Tourismus gesetzt. Drei Millionen Besucher im Jahr hat man geschätzt. Nur die übernachten (wenn überhaupt) nicht im «Elephanten» oder im «Hilton», die lassen nicht mehr Geld in der Stadt, als sie übrig haben. Und das ist oft wenig.

1999 soll Weimar «Kulturhauptstadt Europas» werden. Das ist vielleicht etwas hoch gegriffen; aber wenn es hilft, Mäzene zu finden, Geld locker zu machen, soll es uns recht sein. Denn die Kulturhauptstadt Deutschlands ist Weimar, wenn wir von den Großstädten absehen, seit 200 Jahren. Da hat es trübe Perioden und schändliche Eingriffe gegeben. Aber auch die gehören zur deutschen Kultur. Und was kann Weimar dafür?

Und immer wieder der «Elephant»

Das Römische Haus im Park an der Ilm wurde von 1792 bis 1797 als herzogliche Sommerresidenz erbaut.

HIMMLISCHE KLÄNGE
DIE MUSIKSTADT WEIMAR

Weimar war nicht nur eine Hochburg der Dichtkunst, es hat auch eine lange und bedeutende musikalische Tradition, die zurückreicht bis ins Jahr 975: Schon zu einem Hoftag von Kaiser Otto II. dürfte der Musik bereits ein gebührender Platz eingeräumt gewesen sein. 1440 wurde ein Chor ins Leben gerufen, der die Liturgie beträchtlich bereicherte und täglich zu singen hatte. Zunehmend gewann auch die Instrumentalmusik an Bedeutung. Eine Hofkapelle mit sechs Trompetern, einem Pauker und zwei «Trompetenknechten» wurde erstmals 1482 genannt.

So richtig blühte das Musikleben auf, als 1703 der 18jährige Johann Sebastian Bach (1685–1750) als Violinist in die Kapelle von Herzog Johann Ernst eintrat. Vorübergehend ging Bach nach Arnstadt, kehrte 1708 aber wieder an den kunstfreundlichen Weimarer Hof zurück. Hier hatte er «monatlich neue Stücke» zu komponieren. Gleichzeitig begann er erstmals auch zu unterrichten. Der bedeutendste Musiker, mit dem Bach in Weimar zusammenarbeitete, war sein Verwandter, der Stadtorganist Johann Gottfried Walther (1684–1748), der Kompositionen für die Orgel schuf. Berühmt sind Walthers lexigraphische Leistungen: Er verfaßte das erste musikalische Nachschlagewerk, das 1732 erschienene «Musicalische Lexikon».

Der «Musenhof» von Herzogin Anna Amalia wurde etwa ab 1770 zu einem Ausgangspunkt wichtiger Impulse für die deutsche Singspiel- und Opernkunst, für die Musikpflege überhaupt.

Mit dem Eintreffen Goethes in Weimar 1775 erfuhr auch das Musikleben einen erneuten Aufschwung. Das höfisch-bürgerliche Liebhabertheater führte nun auch Singspiele Goethes auf. Sie wurden, zunächst noch exklusiv, im Festsaal des Wittumspalais, in Ettersburg und Tiefurt, ab 1780 im neuerbauten Komödienhaus öffentlich gegeben. Die Weimarer Aufführung aller bedeutenden Bühnenwerke Mozarts gehört zu den Verdiensten Goethes um das Weimarer Musiktheater.

1819 wurde der Schüler Mozarts und Freund Beethovens, Johann Nepomuk Hummel (1778–1837), als «Großherzoglicher Kapellmeister» nach Weimar gerufen. Unter seiner fast 20jährigen Tätigkeit galt Weimar als renommiertes Musikzentrum. Seine Kompositionen fanden bei den Kollegen große Anerkennung. Besonders hervorzuheben ist zudem das engagierte Streben Hummels nach einer qualitätvolleren Hofkapelle und nach moderneren Formen in der Programmgestaltung der Konzerte. Wahrscheinlich veranlaßte auch dies den international schon bekannten Franz Liszt (1811–1886), an die Ilm überzusiedeln. Zum Weimarer «Hofkapellmeister in außerordentlichen Diensten» ernannt, entwickelte er fortan jenen Geist, der als «Neudeutsche Schule» gebildet wurde und der in den 1854 gegründeten «Neu-Weimar-Verein» mündete. Dieses progressive, von freimütigem und weltoffenem Geist getragene Kollegium tagte allwöchentlich und nahm sich unter anderem der Förderung junger Komponisten und Pianisten an. Auch der mit Liszt freundschaftlich verbundene Richard Wagner (1813–1883) weilte mehrfach in Weimar. Liszt ermöglichte dem seit 1849 steckbrieflich Gesuchten über Jena und Eisenach die Flucht ins schweizerische Exil. Mut bewies Liszt ebenso mit der trotz großer Widerstände zustande gekommenen Uraufführung von Wagners Oper «Lohengrin» am Weimarer Theater 1850.

Liszts großes Engagement ist bis heute unvergessen. Ein Denkmal und das zur einstigen Hofgärtnerei gehörende, inzwischen als Museum genutzte Liszthaus erinnern an den Mann, der Weimar allerdings im Groll vorübergehend den Rücken kehrte.

Vom neuen Geist des musikalischen Weimars fühlte sich auch Richard Strauss (1864–1949) sehr angezogen. Begeistert wechselte er 1889 vom thüringischen Meiningen nach Weimar. Als «Großherzoglicher Kapellmeister» schloß er die

Richard Strauss (Gemälde von Max Liebermann, 1918, Nationalgalerie, Berlin, Ausschnitt, oben). – Franz Liszt mit einer Schülerin bei einer Probe in seinem Haus (Fotografie um 1880, unten).

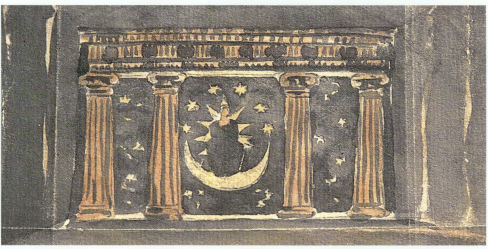

Lücke, die der Tod von Franz Liszt gerissen hatte. Unter seiner Stabführung wurden am Theater mehrere Werke von Christoph Willibald Gluck und Richard Wagner inszeniert sowie Engelbert Humperdincks Märchenoper «Hänsel und Gretel» uraufgeführt. Nach fünf Jahren verließ er – übrigens auch wütend und enttäuscht – die Stadt in Richtung München.

Seinen Platz auszufüllen, mühten sich in den folgenden Jahrzehnten zahlreiche Persönlichkeiten. Zwei Weltkriege und die damit einhergehenden Notsituationen jedoch ließen den einstigen Ruhm der Stadt mehr und mehr verblassen. Nach dem Zweiten Weltkrieg versuchte man das Musikleben wiederzubeleben. Dem Ruf, als musikalischer Oberleiter des Weimarer Theaters zu fungieren, folgte 1945 als erster der Dirigent, Kapellmeister und Hochschuldirektor Hermann Abendroth (1883–1956). Seine Leistungen als Orchesterleiter und Dirigent prägten den Wiederaufbau des Weimarer Musiklebens bis weit in die fünfziger Jahre.

Der musikalischen Tradition verpflichtet fühlt sich auch die Musikhochschule «Franz Liszt», an der sich jährlich etwa 600 Studenten einschreiben.

«Großherzoglicher Kapellmeister» zur Goethezeit: Johann Nepomuk Hummel (Gemälde, oben links). – Goethes Bühnenbildentwurf zur Erstaufführung der «Zauberflöte» in Weimar 1794 (oben rechts). – Das Weimarer Hoftheater auf Fotografien um 1900: Rückfront vom Sophienplatz (Mitte links), die Theaterkasse (Mitte rechts), der Leibhusar des Großherzogs Wilhelm Ernst im Foyer (unten rechts). – Ferrucio Berlusconi im Tempelherrenhaus (Fotografie von 1923, unten links).

GLOSSAR

Auf Weimars Kulturmeile.
Ein Besuch im Goethe- und Schillerhaus, im Residenzschloß, in der Herzogin-Anna-Amalia-Bibliothek oder dem Deutschen Nationaltheater lassen den Ruhm vergangener Tage wieder lebendig werden.
Seite 71

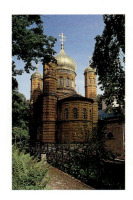

Diesseits und jenseits der Kulturmeile.
Es lohnt sich, einen Blick auf die Sehenswürdigkeiten außerhalb der Kulturmeile zu werfen, denn es gibt viel zu entdecken wie das Kirms-Krackow-Haus, den Lutherhof oder die Hochschule für Architektur und Bauwesen.
Seite 99

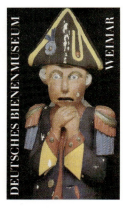

Weimar zwischen alternativ und provokativ.
Wer Weimar einmal ohne den üblichen Glanz von Goethe und Schiller erleben will, sollte sich auf den Weg machen zum «Autonomen Cultur Centrum», zum Bienenmuseum oder dem Nonnenkloster Oberweimar aus dem 13. Jahrhundert.
Seite 111

Erholung abseits der bekannten Parkanlagen.
Die Hausgärten von Goethe und Herder, der Weimarhallenpark, das Gut Oßmannstedt oder das Webicht-Wäldchen sind grüne Oasen, die schon im 19. Jahrhundert viele Besucher anlockten.
Seite 130

Auf Weimars Kulturmeile

Da fast alles in Weimar einen Bezug zu Goethe hat, verwundert es nicht, daß das geographische Zentrum der Stadt nach ihm benannt ist: der **Goetheplatz**. Wenn für die meisten Weimar-Touristen die zu absolvierende Kulturmeile auch erst zu Füßen des bronzenen Dichterpaars Goethe und Schiller am Theaterplatz ihren Ausgang hat, beginnt sie eigentlich am Goetheplatz.

Das ein wenig schwer auszumachende **Kunstkabinett** am Goetheplatz ist eine gute Adresse für Sonderausstellungen unterschiedlicher Couleur. 1880 entstand das Gebäude mit dem kleinen, aber feinen Innenhof als Ausstellungshalle des Großherzoglichen Museums für Kunst und Kunstgewerbe. Berühmt in ganz Deutschland wurde die Oberlichthalle, seit hier Max Klinger, Max Liebermann, Claude Monet, Auguste Renoir, Paul Cézanne und viele andere progressive deutsche Künstler und französische Impressionisten ihre Arbeiten zeigten.

Der dicke runde Turm mit Kegeldach gegenüber dem Kunstkabinett war Teil der mittelalterlichen Stadtbefestigung. Zu seinem Namen kam der **Kasseturm** mit dem Einzug der «Landschaftskasse». Das so genannte fürstliche Finanzministerium mußte sein angestammtes Domizil im Residenzschloß nach einem Brand verlassen. Seit 1962 ist in den beiden Fachwerkgeschossen des Turms, die Mitte des 15. Jahrhunderts gebaut worden waren, einer der Weimarer Studentenklubs untergebracht.

Das zweistöckige, mit den Säulen im Obergeschoß an den Niketempel auf der Akropolis erinnernde **Lesemuseum** an der Ecke Goetheplatz/Geleitstraße wurde 1859/60 nach Plänen des Weimarer Oberbaudirektors Carl Heinrich Ferdinand Streichan erbaut. Auftraggeber war Großherzogin Maria Pawlowna, die damit für die schon 1831 gegründete Lesegesellschaft geeignete Räume schaffte. Deren Mitglieder, aber auch die interessierte Öffentlichkeit, konnten hier politische, wissenschaftliche und unterhaltsame Zeitungen und Journale lesen sowie miteinander darüber sprechen.

In direkter Nachbarschaft steht ein weiterer klassizistischer Streichan-Bau, die von 1858 bis 1860 errichtete **Erholung**. Das aus dem «Ressource»-Verein hervorgegangene Gebäude der «Erholungsgesellschaft» spielt für das gesellige Leben Weimars bis heute eine Rolle – wenn auch nicht mehr wie in seinen glanzvol-

Mit der Kutsche kann man, wie zu Goethes Zeiten, durch die Altstadt rollen und in aller Ruhe seine Blicke schweifen lassen.

Den Charakter einer Pilgerstätte besitzt die bekannteste Sehenswürdigkeit in Weimar: Jahr für Jahr strömen Tausende von Besuchern zum Goethehaus.

Fast 50 Jahre lang wohnte Goethe im Haus am Frauenplan (links), das ihm Herzog Carl August 1794 schenkte. Heute sind hier eine Gedenkstätte und im Nachbarhaus das Goethe-Nationalmuseum eingerichtet.

Oberbaudirektor Coudray ließ den ersten gußeisernen Brunnen Weimars, den heutigen Goethebrunnen, um 1822 am Frauenplan aufstellen.

len Zeiten. 1864 gründete sich hier die Deutsche Shakespeare-Gesellschaft.

Der in Weimar gebürtige Baumeister, Fürstliche Hofjäger, Postverwalter und Bauunternehmer Anton Georg Hauptmann hat in Weimar etwa 20 Häuser in meist schlichtem frühklassizistischem Stil errichtet. Eines davon ist das neben dem Hotel «Elephant» zweitberühmteste Hotel im nachklassischen Weimar, der **«Russische Hof»** am Goetheplatz. Franz Liszt, Richard Wagner, Clara und Robert Schumann sowie der russische Dichter Iwan S. Turgenjew stehen in der Liste prominenter Gäste des Hauses.

Vom kribbeligen Goetheplatz zum Gelassenheit ausstrahlenden Theaterplatz sind es, vorbei am gemütlichen Goethe-Café, nur wenige Schritte. Dominiert wird das gesamte Terrain vom **Deutschen Nationaltheater**, dem Nachfolger des Weimarer Hoftheaters und insgesamt vierten Theaterbau an diesem Platz. Den ersten ließ an dieser Stelle 1779 der Bauunternehmer Anton Georg Hauptmann als «Komödienhaus» errichten. Die Bellomosche Truppe fand hier so lange Auftrittsmöglichkeiten, bis man sich entschlossen hatte, ein eigenes Hoftheater zu gründen. Das trat dann 1791 ins Leben mit Ifflands «Jägern».

1798 begann mit der Uraufführung von Friedrich Schillers Drama «Wallensteins Lager» die große Zeit des 26 Jahre von Goethe geleiteten Musentempels. «Egmont» (1791), «Wallensteins Tod» (1799), «Maria Stuart» (1800), «Wilhelm Tell» (1804) und «Tasso» (1807) erlebten unter anderem hier ihre Ur- oder Erstaufführung. Im Opernfach widmete sich der Intendant Goethe vor allem den Mozart-Opern mit besonderer Aufmerksamkeit. 1798 war das Komödienhaus nach Plänen von Nicolaus Friedrich Thouret umgebaut worden. Ein Vierteljahrhundert später, im März 1825, brannte es völlig nieder. Doch schon im Herbst des folgenden Jahres lud am selben Platz ein neuerbautes, gegen den Willen Goethes und Coudrays allerdings überaus nüchtern gestaltetes Theater ein. Es wurde 1906 abgerissen. 1908 öffnete abermals ein neuer Theaterbau seine Pforten. Dessen klassizistische Fassade prägt bis heute das nach Bombenzerstörung im Zweiten Weltkrieg wiedererrichtete und 1948 mit Goethes «Faust» wiedereröffnete Deutsche Nationaltheater. In diesem Haus tagte 1919 die deutsche Nationalversammlung und verabschiedete die «Weimarer Reichsverfassung». 1944 wurde das Theater

Fortsetzung Seite 77

Auf Weimars Kulturmeile

Der Frauenplan aus der Vogelperspektive: im Vordergrund Goethes Hausgarten, links sein Wohnhaus.

«Der ‹Weiße Schwan› begrüßt Dich jederzeit mit offenen Flügeln», schwärmte schon Goethe 1827 von dem Gasthof (rechts).

Ein Gasthaus mit Tradition

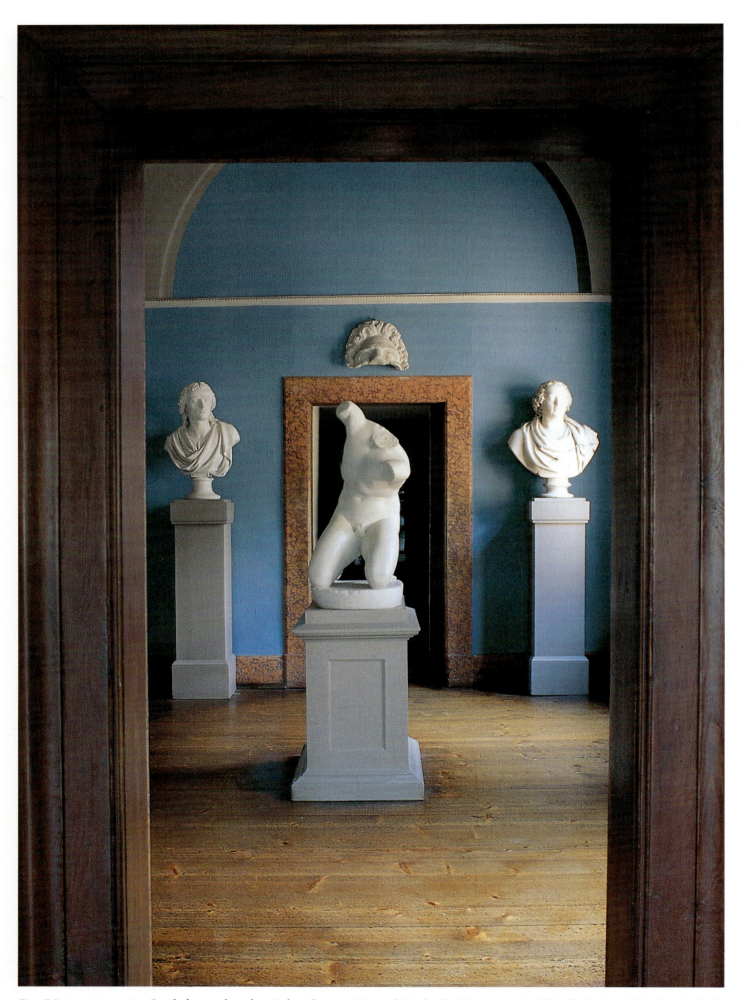

Das Büstenzimmer im Goethehaus: der Abguß des «Ilioneus-Torso» (Mitte), die Büsten von Schiller (links) und Herder (rechts).

Auf Weimars Kulturmeile

Blick vom Gelben Saal, dem zentralen Raum im Goethehaus, in das Kleine Eßzimmer. Der Gelbe Saal ist mit kolorierten Stichen nach italienischen Renaissancegemälden und Gipsabgüssen antiker Skulpturen ausgestattet.

Goethe empfing oft und gern Gäste. Auch heute noch wird der Besucher mit dem lateinischen Willkommensgruß «Salve» auf der Türschwelle zum Gelben Saal begrüßt.

geschlossen und vorübergehend zu einem Rüstungsbetrieb umfunktioniert. Als Mehrspartentheater und auch als Stätte geistiger Auseinandersetzung («Weimarer Reden über Deutschland») ist das traditionsreiche Theater heute im Weimarer Alltag fest integriert.

Vor dem Theater steht das vielleicht meistfotografierte Denkmal der Welt, das am 4. September 1857 enthüllte **Goethe- und Schiller-Denkmal**. Ernst Rietschel, einem Schüler von Christian Rauch, ist dieses glanzvolle Stück der Bildhauerkunst in dreijähriger Arbeit gelungen. Das Erz für den von Ferdinand Miller in München ausgeführten Guß stammt aus türkischen Kanonen, die 1827 in der Seeschlacht von Navarino erbeutet worden waren.

Fest im Blick haben die bronzenen Herren ihr Gegenüber, die 1823 von Clemens Wenzeslaus Coudray errichtete Remise. Im später als Kulissenhaus genutzten klassizistischen Gebäude wurde 1955 die städtische **Kunsthalle** untergebracht. Seit Mai 1995 ist in der Kunsthalle am Theaterplatz nun das **Bauhaus-Museum** Weimar beheimatet. Hier sind im Zusammenhang mit dem Bauhaus-Unterricht in Weimar entstandene Gemälde, Zeichnungen, Grafiken, kunsthandwerkliche Arbeiten sowie bis heute produzierte Designklassiker ausgestellt. Gezeigt werden auch freie künstlerische Arbeiten von prominenten Bauhaus-Lehrern, darunter Wassily Kandinsky und Lyonel Feininger. Als wichtige geistige und materielle Voraussetzung für die Bauhausgründung in Weimar 1919 durch Walter Gropius wird das Wirken des belgischen Jugendstilkünstlers Henry van de Velde in Weimar vorgestellt.

Als «Bilderbuch des guten Geschmacks» gilt das Innenleben des **Wittumspalais** am Theaterplatz/Ecke Schillerstraße. Das Palais wurde von 1767 bis 1769 auf Resten der mittelalterlichen Stadtmauer und unter Einbeziehung von Teilen des einstigen Franziskanerklosters geschaffen. Die Pläne lieferte der fürstlich-sächsische Landbaumeister Johann Gottfried Schlegel, Bauherr war der Weimarer Minister von Fritsch. Nach dem Schloßbrand von 1774 zogen hier Luise von Göchhausen und Herzoginmutter Anna Amalia ein, die das Palais bis zu ihrem Tod 1807 mit Leben und Glanz erfüllte. Das zweiflügelige Gebäude mit seinen Salons, Wohn- und Repräsentationsräumen und dem von Johann Heinrich Meyer 1805 klassizistisch ausgestalteten Festsaal ist ein attraktives Beispiel für

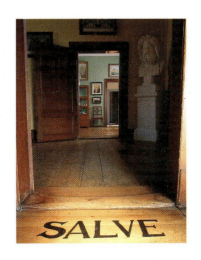

Goethes Begeisterung für die Antike ist nicht zu übersehen: Das Junozimmer im Goethehaus erhielt seinen Namen nach einer antiken Kolossalbüste der römischen Göttin (oben). Eine Büste des römischen Gottes Apoll in einer Wandnische des Treppenhauses (unten).

die Raumgestaltung und Wohnkultur Ende des 18. Jahrhunderts. An der Ausmalung der Räume war Goethes Leipziger Lehrer, der Maler Adam Friedrich Oeser, beteiligt. Im sogenannten Tafelrundenzimmer versammelte Herzogin Anna Amalia regelmäßig die großen Geister Weimars um sich. Im letzten Drittel des 19. Jahrhunderts machte man das Haus nach Renovierungen der Öffentlichkeit zugänglich. Während eines Bombenangriffs im Februar 1945 wurde das Palais schwer beschädigt, konnte jedoch im Goethejahr 1949 wiedereröffnet werden. Im Ostflügel des einstigen Witwensitzes ist ein kleines **Wielandmuseum** untergebracht, das in fünf Räumen ein anschauliches Bild vom Leben und Schaffen des bedeutenden Prosadichters und Verserzählers der deutschen Aufklärung vermittelt.

Der Weg führt in die Schillerstraße, die einstige **Esplanade**. Nichts erinnert mehr daran, daß dieser Raum einst Zwinger zwischen äußerer und innerer Stadtbefestigung war. Die nach dem Abriß der Stadtbefestigung zunächst unbebaute, aber mit viel Grün bedachte Fläche entwickelte sich rasch zur beliebten Promenade der Weimarer und blieb als Fußgängerzone Flaniermeile bis heute.

Auf dem Platz des großen Cafés und Restaurants **«Sperling»** stand vormals das 1775 von A.G. Hauptmann errichtete **Weimarische Comödien- und Redoutenhaus**. Die Redoute bot Adel und Bürgertum Gelegenheit, einander ungezwungen zu begegnen und sich gemeinsam zu vergnügen. In dem Haus fanden zum Beispiel Maskenbälle statt. Hier erlebte aber auch die Prosafassung von Goethes «Iphigenie auf Tauris» am 6. April 1779 ihre Uraufführung.

Ein attraktiver Blickfang gegenüber dem Schillerhaus ist der **Gänsemännchenbrunnen**. Goethe, der das von Pankraz Labenwolf gefertigte Original in Nürnberg gesehen hatte, regte die Aufstellung eines gleichen Brunnens in Weimar an. Das runde Sandsteinbecken von 1864 zieren vier wasserspeiende Schwäne und ein Bauer in altdeutscher Tracht mit zwei ebenfalls wasserspeienden Gänsen unter dem Arm.

Die vor fast 275 Jahren gegründete **Hoffmann's Buchhandlung** im Rükken des Gänsemännchens ist eine der ältesten und bedeutendsten ihrer Art in Deutschland. Über ein Jahrhundert lang hatte die früher auch verlegerisch tätige Buchhandlung zunächst ihr Domizil im heutigen Cranachhaus am Markt.

Auf Weimars Kulturmeile

Das 1777 an der damaligen Esplanade erbaute heutige **Schillerhaus** ist das älteste Gebäude in dieser Straße. Vom 29. April 1802 bis zu seinem Tod am 9. Mai 1805 lebte Schiller mit seiner Frau Charlotte und den vier Kindern in dem vom Vorbesitzer als Hinterhaus errichteten Gebäude. Hier verfaßte er seine letzten großen Dramen «Die Braut von Messina», «Wilhelm Tell» sowie den Fragment gebliebenen «Demetrius». 1847 kaufte die Stadt Weimar das Gebäude und richtete es als Gedenkstätte ein. Im Mansardengeschoß sind Arbeits-, Gesellschafts- und Empfangszimmer Schillers mit teilweise originalem Inventar zu besichtigen. Im ersten Obergeschoß gestatten die Wohnräume von Frau Schiller und den Kindern Einblick in das Alltagsleben der Familie. Das Erdgeschoß mit Küche und Dienerzimmer bietet eine kleine Ausstellung zur Geschichte des Hauses und zur sozialen Situation des Dichters. 1945 wurde das Haus durch Bomben schwer beschädigt, 1946 aber bereits wiedereröffnet. Aus Anlaß des Schillerjahres 1988 wurde das Gebäude rekonstruiert und als Memorialstätte völlig neugestaltet.

Zur gleichen Zeit öffnete direkt hinter dem historischen Schillerhaus ein neues **Schillermuseum**. Das Gebäude dokumentiert in zwei großen Sälen Schillers Leben und Schaffen und läßt den Besucher die umfangreiche Wirkungsgeschichte seines Werks nachvollziehen.

In der sogenannten **Alten Münze**, zwischen den beiden Schillerhäusern gelegen, offeriert die Dauerausstellung «Friedrich Schiller auf Münzen und Medaillen» über 600 Exponate. Den auf dem Museumsplatz stehenden Bronzetorso **«Hommage à Schiller»** schuf der Bildhauer Wieland Förster.

Das gegenwärtig optisch dominierende und durch seinen berühmten Bewohner populärste Gebäude am Frauenplan ist das **Goethehaus**, wahrscheinlich 1709 von Baumeister Johann Mützel im Barockstil erbaut, in dem der Dichter, mit kurzen Unterbrechungen, fast 50 Jahre lebte. Per Kaufbrief vom 22. Mai 1792 hatte der Strumpfwirker, Verleger und Kammerkommissar Georg Caspar Helmershausen sein Haus am Frauenplan der Fürstlichen Kammer abgetreten und so den Weg für Goethe freigemacht, der dieses Haus zunächst mietete. Zwei Jahre später verwandelte Herzog Carl August das Nutzungsrecht in eine Schenkung und übergab dem Dichter und Freund den Besitz. Das Anwesen

Im Majolikazimmer, dem ehemaligen Schlafzimmer Goethes und seiner Frau Christiane, ist eine wertvolle Sammlung oberitalienischer Keramik aus dem 16. Jahrhundert zu sehen.

Das Treppenhaus ist italienischen Renaissancepalästen nachempfunden; hier die Büste eines römischen Gottes in einer Wandnische.

Johann Wolfgang von Goethe in seinem Arbeitszimmer mit dem Schreiber John beim Diktat (Gemälde von Johann Joseph Schmeller, 1831, Stiftung Weimarer Klassik).

«ENDLICH KAM DER verhängnisvolle Tag mit seiner Mittagsstunde und ich ging zu Goethe [...] Als ich im Zimmer vorschritt, kam Goethe mir entgegen und war so liebenswürdig und warm, als er neulich steif und kalt gewesen war.»
Franz Grillparzer (1791 bis 1872) besuchte Weimar 1826.

bot Goethe und seiner Familie vieles in einem: Repräsentationsräume, Platz für die vielfältigen Sammlungen, Raum für die Bibliothek, ein stilles Eckchen zum Arbeiten und einen schönen Hausgarten. Für ein halbes Jahrhundert wurde das Gebäude am Frauenplan zum geistigen Mittelpunkt Deutschlands. Nach dem Tod Goethes – die Enkel lebten weiter hier – wurde es still in dem Haus. Erst mit dem Vermächtnis von Goethes letztem Nachkommen, Walther von Goethe, zog in die Gebäude am Frauenplan wieder Leben ein. 1886 öffnete das Goethehaus als Kernstück des ein Jahr zuvor bereits gegründeten **Goethe-Nationalmuseums**. Das Museum wurde 1913/14 und von 1933 bis 1935 durch Erweiterungsbauten vergrößert. Das Goethe-Nationalmuseum zeigt mit Ausnahme der Handschriften Goethes Sammlungen zur bildenden Kunst, zu den Naturwissenschaften, zur Geologie, Mineralogie und Paläontologie sowie seine Bibliothek. Im Wohnhaus sind die Privaträume Goethes und seiner Frau Christiane, das Arbeitszimmer und die Bibliothek, die Empfangs- und Kunstsammlungsräume sowie der Hausgarten zu besichtigen.

Vor dem Haus des Dichters und inzwischen auch nach diesem benannt, ließ Weimars Oberbaudirektor Coudray im Jahr 1820 den ersten gußeisernen Brunnen Weimars aufstellen. Der achteckige **Goethebrunnen** wurde im thüringischen Ilmenau hergestellt.

In unmittelbarer Nachbarschaft zu Goethes Wohnhaus, scheinbar ein wenig abgedrängt, steht das älteste erhaltene Haus am Frauenplan, der schon 1569 (damals als «Gasthof vom Frauentore»)

Goethes Schlafzimmer: «Mehr Licht!» soll der Dichter ausgerufen haben, bevor er 1832 hier verstarb.

1 Von links nach rechts: Tieck, Jean Paul, Pestalozzi, Fichte, Klopstock, Blumenbach, Hegel, Kleist, Voß, Oken, Schlosser, Cornelius, Goethe, Wilhelm und Alexander von Humb[oldt]

2

3

4

Weimars «Goldenes Zeitalter»

...iebuhr, Schleiermacher, Herder, Gauß, Schlegel, Gleim, Iffland, Schiller und Klinger.

Goethe – im Zentrum der deutschen Klassik:

1 *Allegorische Darstellung eines Treffens bedeutender Dichter, Denker, Philosophen und Pädagogen in Weimar 1803.* 2 *Die Schloßbrücke in Weimar auf einer Zeichnung von Goethe.* 3 *Goethes Frau Christiane, geborene Vulpius, mit dem gemeinsamen Sohn August (um 1792).* 4 *Goethe umgeben von Szenen aus seinen Werken (um 1830).* 5 *Die «vier Großen» Weimars: Wieland, Goethe, Schiller, Herder (von links oben nach rechts unten).* 6 *Goethes Haus am Frauenplan (1827).*

Goethes Wohnhaus: Im ersten Stock befinden sich vor allem die Gesellschaftsräume (oben). Im hinteren Gebäudetrakt ist auch Goethes Reisekutsche zu besichtigen (Mitte). Blick in den Hausgarten (unten).

erwähnte «**Weiße Schwan**». Er wurde zum Stammlokal Goethes und seiner vielen Gäste. Die in der Westwand des Restaurants eingemauerte Kanonenkugel erinnert an die Beschießung Weimars durch Napoleons Truppen 1806.

Noch dem Frauenplan zuzurechnen ist jenes **Haus** in der **Brauhausgasse 13**, in dem von 1823 bis 1831 der Helfer Goethes und Verfasser der vielgelesenen «Gespräche mit Goethe», **Johann Peter Eckermann**, lebte und arbeitete. Unweit vom Frauenplan, am Ende der Ackerwand und fast schon im Park an der Ilm, steht das **Haus der Frau von Stein**. Das Gebäude wurde auf Resten eines Vorwerks um 1770 in barocken Formen errichtet. Im Erdgeschoß des Anwesens befanden sich bis 1794 die Pferdeställe der herzoglichen Husaren. Zeitweise war ein Raum als russisch-orthodoxe Kirche eingerichtet. Vor allem seit dem Einzug der Charlotte von Stein, einer Dame erster Stellung am Weimarer Hof, strahlte das Haus in besonderem Glanz. In ihrem freundlichen Saal mit dem schlichten Mobiliar versammelten sich laut Goethe-Kennerin Effi Biedrzynski «die Verwandten, die Freunde», häufiger Gast: natürlich Goethe.

In der Nähe, am Eingang zum Park an der Ilm, steht seit 1949 das **Puschkin-Denkmal**, das der Dresdner Bildhauer Johannes Friedrich Rogge aus Anlaß des 150. Geburtstags des russischen Dichters und Goetheverehrers schuf.

Das «Französische» oder «Grüne Schloß», von 1562 bis 1565 als fürstliches Wohngebäude errichtet, diente eine Weile als Zeughaus, bevor es unter Herzogin Anna Amalia von 1761 bis 1766 zum Bibliotheksgebäude, der **Herzogin-Anna-Amalia-Bibliothek**, umgestaltet wurde. Der repräsentative dreigeschossige Rokokosaal ist das markanteste und bis in die Gegenwart vielbewunderte Ergebnis des Umbaus. Ungewöhnlich sind aber auch der auf den Resten eines Turms der alten Stadtmauer hochgezogene Bibliotheksturm (heute Magazin) und die darin eingebaute, aus einem Stamm gearbeitete Wendeltreppe. Von 1797 bis 1832 hatte Goethe die «Oberaufsicht» der Bibliothek. Er gab ihr eine moderne Benutzerordnung, sorgte für den zielgerichteten Ausbau der Bestände und legte den Grundstein dafür, daß die Bibliothek bald zu den führenden in Deutschland zählte. In dem äußerlich eher unscheinbaren Gebäude fanden die fürstliche Büchersammlung mit all ihren Aufstockungen und zahlreiche Kunstwerke der klassischen Ära, darunter Porträtbüsten von Goethe, Schiller, Herder und Wieland sowie Gemälde von Georg Melchior Kraus, Johann Joseph Schmeller, Ferdinand Jagemann und Johann Heinrich Wilhelm Tischbein ihren Platz. Zu den inzwischen der Bibliothek gehörenden insgesamt 850 000 Bänden zählen etwa 3000 Buchhandschriften, 500 Inkunabeln, Sammlungen von Flugschriften aus der Reformationszeit und von Drucken aus den Jahren der Französischen Revolution, von Bibeln, Karten und Globen, Stammbüchern und Almanachen. Hier befindet sich die größte «Faust»-Sammlung der Welt mit 13 000 Bänden. Auch die persönlichen Bibliotheken von Liszt, Nietzsche und der Familie von Arnim werden hier aufbewahrt.

Als Haus für die Weimarer «Landschaft» wurde jenes stattliche Gebäude in Auftrag gegeben, welches den Platz der Demokratie südlich abschließt. Den Grundstein hatte 1770 Herzogin Anna Amalia gelegt. Nach dem Schloßbrand von 1774 jedoch mutierte das «Landschaftshaus» für 27 Jahre zum «Fürstenhaus». Mit dem Umzug der fürstlichen Familie in das neue Residenzschloß zogen in das verlassene «Fürstenhaus» staatliche Institutionen, 1808 die Freie Zeichenschule, 1918 die Landstände, die provisorische Thüringer Regierung sowie der Thüringer Landtag ein. Seit 1951 hat in dem Haus die **Musikhochschule «Franz Liszt»** ihr Domizil.

Hoch zu Roß vor dem Haus, in Generalsuniform mit Lorbeerkranz und ganz in Bronze: **Herzog Carl August**. Das von Adolf Donndorf geschaffene **Denkmal** wurde zum 100jährigen Regierungsjubiläum des Herzogs am 3. September 1875 enthüllt.

Schöne Renaissancegiebel zieren das **Rote Schloß** zwischen Markt und Platz der Demokratie. Es wurde von 1574 bis 1576 als Wohnsitz der Witwe Herzog Johann Wilhelms, Dorothea Susanna, erbaut. Durch oberirdische Gänge war das Gebäude, das heute Dienststellen des Magistrats der Stadt beherbergt, einst mit dem Hauptschloß und dem Grünen Schloß verbunden. Hier musizierte die Hofkapelle – unter anderem mit Johann Sebastian Bach als Violinist. Von 1781 bis 1807 war in dem Gebäude die Freie Zeichenschule untergebracht.

An der Ostseite des Bauensembles fand 1824 der **Ildefonsobrunnen** seinen Platz. Der Brunnen bekam seinen Namen nach dem Ort, in dem man im 17. Jahrhundert das antike Marmororiginal fand: San Ildefonso bei Madrid.

Blick vom Gelben Saal ins Junozimmer (oben), das Kleine Eßzimmer (unten).

In seinem Hausgarten konnte sich der Naturfreund Goethe seinen Pflanzenstudien widmen.

Häusliche Idylle

Ort mancher Feste und grüne Lunge der Stadt: der Park an der Ilm.

Auf Weimars Kulturmeile

Über 1000 Jahre alt ist die Geschichte des **Residenzschlosses**. Eine auf ovalem Grundriß angelegte, von der Ilm gespeiste Wasserburg der Grafen von Weimar aus dem 10. Jahrhundert wurde 1424 bei einem Brand bis auf die unteren Teile eines Rundturms zerstört. Vom langsam voranschreitenden Wiederaufbau im 15. und 16. Jahrhundert sind der «Bastille» genannte, die südwestliche Ecke des Ensembles markierende Torbau mit Hauptportal und untere Teile des Schloßturms erhalten. Die damals «Hornstein» genannte Burg war seit 1552 Residenz des Kurfürsten Johann Friedrich. 1618 wurde die Anlage wieder ein Opfer der Flammen. 1621 begann der Neubau unter Leitung des Italieners Bonalino. Die Schloßkirche war 1630 vollendet. 1650 übernahm Johann Moritz Richter die Fortführung des Baus. Nach französischem Vorbild wandelte er den alten Plan in eine Dreiflügelanlage um. 1774 zerstörte erneut ein Brand das Schloß bis auf die Außenmauern. Unter Mitwirkung Goethes, der Mitglied der eigens gebildeten Schloßkommission war, begann 1789 der Wiederaufbau. Neu hinzu kamen die Durchfahrt und die obere Säulenhalle im Ostflügel. Das Treppenhaus, der Fest- oder Weiße Saal und die Falkengalerie des Schlosses zählen zu den schönsten klassizistischen Raumschöpfungen in Deutschland. 1840 war der zweigeschossige Westflügel fertig. Die «Dichterzimmer» sind ausgestattet mit Gemälden und Fresken von Friedrich Preller und der von Karl Friedrich Schinkel entworfenen Goethe-Galerie. Die Gartenseite wurde 1913/14 geschlossen. 1919 diente das Schloß vorübergehend der Reichsregierung als Unterkunft.

Seit 1923 wird der Gebäudekomplex als Museum genutzt. Die im Schloß untergebrachten **Kunstsammlungen zu Weimar** gelten heute als die bedeutendste Kunstsammlung im Thüringer Raum. Ihre Bestände wurden auf den Sammlungen der Weimarer Herzöge, die bis zur Mitte des 16. Jahrhunderts zurückreichen, aufgebaut. In der Gemäldeabteilung stellt die Malerei der Dürerzeit mit der «Cranach-Galerie» eine Attraktion dar. Aber auch wichtige Werke anderer Stilepochen sind zu bewundern. Über einen Fundus von etwa 70 000 Arbeiten verfügt die Grafische Sammlung. Einblicke in europäisches Kulturschaffen erhält der Galeriebesucher in fast 70 Räumen des Residenzschlosses. Im Schloß hat auch die **Stiftung Weimarer Klassik** ihren Sitz.

Eine «Bildnisherme Friedrich Nietzsche auf Marmorpostament» ist im Eingangsfoyer zur Stiftung aufgestellt. Sie wurde 1903 von Max Klinger geschaffen.

Zwischen Schloß und Marktplatz dominieren zwei Gebäude den eher wie eine Verbindungsgasse wirkenden Grünen Markt – das Gelbe Schloß und Weimars ältestes Kaffeehaus «Resi».

Das zweigeschossige, in seiner Fassadengestaltung schlichte **Gelbe Schloß** entstand zwischen 1702 und 1704 im Auftrag von Herzog Johann Ernst für seine Frau Charlotte Dorothea Sophie. Diese nutzte es nach des Herzogs Tod, 1707, als Witwensitz. Das im Zweiten Weltkrieg teilweise zerstörte Gebäude dient gegenwärtig Verwaltungszwecken. Das **«Residenzcafé»**, besser bekannt unter dem Namen «Resi», wurde 1839 vom Hofkonditormeister Ißleib gegründet und auf dem Grund mehrerer abgebrannter Wohnhäuser errichtet. Hier verfaßte der russische Schriftsteller Ilja Ehrenburg 1922 seine «Briefe aus dem Café – Reiseschilderungen aus Deutschland». Bis heute ist das «Resi» ein beliebter Treffpunkt der Weimarer.

Der **Markt** bildet nicht, wie meistens üblich, den geographischen Mittelpunkt der Stadt. Diesen markierte im frühen

Der Park an der Ilm erstreckt sich auf einer Fläche von etwa 60 Hektar. Die Spazierwege führen an Bauten, Denkmälern und Aussichtspunkten vorbei.

Im Tempelherrenhaus fanden vor allem im 19. Jahrhundert literarische und musikalische Veranstaltungen statt. Seit dem Zweiten Weltkrieg steht hier nur noch die efeuumrankte Ruine.

Die Brunnenanlage im Römischen Haus, der einstigen Sommerresidenz von Herzog Carl August. Von der erhöht gelegenen Rückseite des Hauses bietet sich eine weite Aussicht über das Tal und die Parkanlagen an der Ilm.

Der Dessauer Stein erinnert an Fürst Leopold Friedrich von Anhalt-Dessau, der den Wörlitzer Park schaffen ließ.

Mittelalter der damals Töpfermarkt genannte Herderplatz. Der heutige Markt entstand im Zuge der nach 1300 begonnenen Stadterweiterung. Zunächst nach drei Seiten offen, wurde der Platz zunehmend für Märkte, bis 1535 auch für höfische Turniere genutzt. Herbergen, Ställe und Trinkstuben säumten die Nordseite. Andere, im Stil der Renaissance errichtete Gebäude kamen im 16. Jahrhundert hinzu. Die Nordseite mit der prachtvollen Hof- und Stadtapotheke wurde 1945 durch Bomben völlig zerstört. Erst 1988 begann der Wiederaufbau. Rekonstruierte Bauteile, wie etwa den Erker der einstigen Apotheke, fügte man mit ein.

Das **Rathaus** am Markt ist der dritte Bau an dieser Stelle, nachdem Vorgängerbauten, wie 1837 das schöne Renaissance-Rathaus, abgebrannt waren. 1841 entstand nach Plänen von Heinrich Heß das dreigeschossige Rathaus mit seinen neugotischen Gliederungen und Gestaltungselementen. Vom Rathausturm erklingt seit 1987 ein Glockenspiel aus Meißner Porzellan.

Die dem Schloß zugewandte Ostseite des Markts wird vom prachtvollen **Stadthaus** begrenzt. Den weißgrünen Giebel zieren Schmuckelemente und Formen der Frührenaissance mit noch spätgotischen Elementen. Als Kauf- und Verwaltungshaus erbaut, war das Stadthaus Ende des 18. Jahrhunderts eine Stätte der Geselligkeit und des Vereinslebens. Hier tagte auch der von 1800 bis 1808 existierende «Club zu Weimar». Goethe und Schiller waren Ehrenmitglieder. Das mehrfach vor allem im Innern umgebaute Haus fiel im Zweiten Weltkrieg in Schutt und Asche, wurde jedoch mit original nachempfundener Fassade von 1968 bis 1971 wiedererrichtet.

An das Stadthaus schließt das 1549 errichtete **Cranachhaus** an, ein aus zwei Gebäuden bestehendes Ensemble, dessen äußere Farbigkeit auf Lucas Cranach d. Ä. zurückgehen soll. Das dreigeschossige Renaissance-Doppelhaus ist vor allem im Erdgeschoß reich verziert. Hier lebte vom Herbst 1552 bis zu seinem Tod im Oktober des folgenden Jahres der Hofmaler des Kurfürsten Johann Friedrich, Lucas Cranach d. Ä.

Im Jahr 1561 erstmals erwähnt und seit 1696 als Gasthof bezeugt ist das Hotel **«Zum Elephanten»** auf der Südseite des Markts. Hier logierten unter anderen Jakob Michael Reinhold Lenz, Franz Grillparzer, Friedrich Maximilian Klinger, Ludwig Börne, Felix Mendelssohn Bartholdy, Franz Liszt, Richard Wagner, Anton Rubinstein, David Oistrach und bis in die Gegenwart viele andere Berühmtheiten aus Kunst, Literatur, Musik, Politik, Wirtschaft und Wissenschaft. In der Zeit des Nationalsozialismus war das Haus Abstiegsquartier für Adolf Hitler und seine Gefolgsleute. Aus dieser Zeit stammen auch Erweiterungen und Umbauten in der damals gängigen Architektur. Nach 1945 hatte hier eine Thüringer Rundfunkanstalt ihr erstes Domizil.

In rechter Nachbarschaft zum «Elephanten» steht mit dem 1540 erstmals erwähnten Haus **«Zum Schwarzen Bären»** einer der ältesten Gasthöfe Weimars.

An Weimars Brunnen wird alljährlich ein Brunnenfest gefeiert. Dem **Neptunbrunnen** auf dem Markt kommt dabei das Privileg zu, der älteste zu sein. War der Marktbrunnen als Ziehbrunnen in der Mitte des Platzes aufgestellt, wanderte er später an seinen jetzigen Standort und erhielt 1774 den von Martin Gottlieb Klauer gefertigten Neptun.

Weimars Kulturmeile endet auf dem **Herderplatz**. Ursprünglich befand sich hier der zur Kirche gehörende, von Mauern umgebene Friedhof.

Wertvolles und zugleich eines der ältesten Baudenkmäler Weimars überhaupt ist die **Stadtkirche St. Peter und Paul**,

Fortsetzung Seite 99

Auf Weimars Kulturmeile

Weiden auf historischem Boden: Schafe in der Nähe des Römischen Hauses im Park an der Ilm.

Das Gartenhaus war für Goethe nicht nur eine Zufluchtsstätte, er wurde hier zu vielen Gedichten inspiriert.

Dichterklause

AUF NEUEN WEGEN
DAS BAUHAUS IN WEIMAR

Ende Mai 1995 haben die Kunstsammlungen zu Weimar in der einstigen Ausstellungshalle am Theaterplatz ein beeindruckendes Bauhaus-Museum eröffnet. Das kann als Zeichen dafür genommen werden, daß die Beziehung zwischen Weimar und dem Bauhaus, die jahrzehntelang «von der Parteien Gunst und Haß ver-

beschule, die unter ihrem Leiter Henry van de Velde, dem Großmeister des Jugendstils, berühmt geworden war. Die Prägung durch van de Veldes Einfluß ist noch heute ganzen Straßenzügen in Weimar anzusehen. Als van de Velde während des Ersten Weltkriegs als «Ausländer» Weimar verlassen mußte, schlug er als seinen Nachfolger unter anderen den Architekten Walter Gropius vor, der dann im Jahr 1919 Leiter der beiden unter dem Namen «Staatliches Bauhaus in Weimar» vereinigten Schulen wurde.

Der neue Name markierte zugleich ein neues Programm. Zurückgreifend auf die mittelalterlichen Bauhütten – daher der Name – ging es Gropius um die Zusammenführung aller künstlerischen und handwerklichen Disziplinen zur Arbeit an einem Gesamtkunstwerk, dem «großen Bau». Dabei war der Begriff «Bau» nicht eng gemeint. Es ging um Haus und Hausgerät, um Wohnumwelt im weitesten Sinn. Das Ziel waren schlichte, zweckmäßige und zugleich schöne Formen, die den Forderungen einer industriellen Produktion entsprachen, also massenhaft herstellbar sein sollten, «ohne romantische Beschönigung und Verspieltheiten». Eine Formulierung Gropius' von 1923 faßt dies in einen Satz: «Kunst und Technik – eine neue Einheit».

wirrt» war, nun endlich und hoffentlich auch endgültig eine vernünftige Form gefunden hat.
Schon bald nachdem das Bauhaus 1919 gegründet worden war, wurde es von Teilen der Weimarer Bürgerschaft vehement angefeindet. Solche Vorwürfe wie: «Fremdstämmige, namentlich Juden, machen sich breit und suchen das Bauhaus nach ihren Ideen zu leiten und zu beherrschen» oder die Behauptung angeblicher «spartakistischer Umtriebe» – übrigens samt und sonders als unwahr entlarvt – machen deutlich, woher der Wind wehte. So war dem Bauhaus kein langes Leben in Weimar beschieden. Als 1924 die Landtagswahl mit einem Rechtsruck endete, konnten die «Völkischen» dem Bauhaus den Geldhahn abdrehen und seine Weiterarbeit unmöglich machen. Es ging 1925 nach Dessau, von da 1932 aus ähnlichen Anstößen nach Berlin, wo es 1933 endgültig dem braunen Ungeist zum Opfer fiel. In den ersten Jahrzehnten nach dem Zweiten Weltkrieg hat die SED das Bauhaus ebenso verteufelt, nur daß dann eben Vokabeln wie «Formalismus» oder «bürgerlich-dekadent» als Totschlagworte benutzt wurden. Erst seit Mitte der sechziger Jahre wurde das Bauhaus wieder nach und nach ins rechte Licht gerückt und auch in Weimar durch gewichtige Ausstellungen gewürdigt.
Gebildet wurde das Bauhaus 1919 durch die Vereinigung der einstigen Kunstschule, die seit der Mitte des vergangenen Jahrhunderts mit der «Weimarer Malerschule» eine große Tradition begründet hatte, und der Kunstgewer-

Es gelang Gropius, nach Weimar zu holen, was damals in der Avantgarde einen Namen hatte: Feininger und Marcks, Klee und Kandinsky, Muche und Itten, Schlemmer und Moholy-Nagy. Die Lehrenden nannten sich Meister der Form, ihnen standen als Leiter der Werkstätten Meister des Handwerks zur Seite. Werkstätten gab es in vielschichtiger Aufgliederung für Malerei und Weberei, für Metallarbeiten und Bildhauerei, für Töpferei, Tischlerei und anderes. Auch Tanz, Theater, Puppenspiel und die kreativen Festivitäten des temperamentvollen Bauhausvölkchens gehörten zu jener Vorstellung von einem «Gesamtkunstwerk», dem utopische Züge nicht abzusprechen sind. Vor der Fachausbildung stand ein Vorkurs, der Sensibilität für Formen, Farben und Materialien entwickeln sollte.

Das Spektrum der Ausbildung zeigt deutlich das Bestreben, alle Bereiche der bildenden und angewandten Kunst zu erfassen. Die «Vielfalt der Individualitäten, die gewillt sind, zusammenzuarbeiten, ohne ihre Identität aufzugeben», führte zwangsläufig zu Reibungsflächen der unterschiedlichsten Persönlichkeiten, Meinungen und Stilarten, zu einem ständigen,

spannenden Befruchtungs- und Reifeprozeß. Die Weimarer Zeit war die große Experimentierzeit dieser bedeutendsten «Stilschmiede der Moderne». Ihre Früchte reiften dann vor allem in der Dessauer Zeit des Bauhauses und in der Weimarer Nachfolgeeinrichtung, der von Otto Bartning geleiteten Staatlichen Hochschule für Handwerk und Baukunst, die personell und konzeptionell durchaus an das Bauhaus anknüpfte.

Gebaut wurde in jenen Weimarer Tagen dort nur ein einziges Haus, das Musterhaus am Horn, das der Maler Georg Muche entwarf. Es steht noch heute, wenn auch innen verändert. Seine Renovierung und Erhaltung hat sich ein Freundeskreis der Hochschule zur Aufgabe gemacht. Es war Teil einer Ausstellung 1923, in der die Schule Rechenschaft über ihre Arbeit ablegte.

Als neuerliche Rechenschaftsablegung in unseren Tagen könnte man das Bauhaus-Museum am Theaterplatz in Weimar ansehen. Wer heute vor diesen Exponaten steht, kann wohl nur noch schwer nachvollziehen, wie revolutionierend die Arbeiten der Bauhauskünstler damals gewirkt haben. Aus der Absage an Bombast und Historismus hat sich in der Weimarer Zeit des Bauhauses in intensivem Meinungsstreit und aus – zuweilen überschäumender – Kreativität eine eigene Werkgesinnung und Formsprache entwickelt, die maßstabsetzend und stilbildend bis heute wirkt. Wer jetzt im Museum die Lampen von Jucker und Wagenfeld, die Sessel und Stahlrohrmöbel von Breuer oder die Gefäße von Marianne Brandt sieht und bedenkt, daß dies alles vor rund 75 Jahren entstand, kann ermessen, wie stark die Impulse des Bauhauses bis heute nachwirken. Einige dieser Entwürfe werden noch heute produziert oder nachgeahmt. Auch das Konzept unserer Typenmöbel – zum Beispiel unserer Küchen – kommt aus dieser Quelle.

Diese Übermacht einer großen Tradition könnte dazu verleiten, ihre Pflege nur als bewahrende Aufgabe zu sehen. Die Erbin der Bauhaustradition in Weimar, die Hochschule für Architektur und Bauwesen, geht bewußt einen anderen Weg. Ihr Rektor, Prof. Dr. Gerd Zimmermann, sieht das Bauhaus-Erbe als Impuls für die Zukunft der Schule, vor allem in drei Zielsetzungen: Die erste ist das Streben nach der Dynamik und Kreativität des Bauhauses, die die Alma mater von heute vor jedem «Akademismus» bewahren und zur schöpferischen Auseinandersetzung mit allen zeitgenössischen Strömungen fähig machen soll. Eng verbunden damit ist die zweite, die Fortführung der dem Bauhaus eigenen Internationalität in Forschung, Lehre und Studentenschaft, heute, in der «einen Welt», unerläßlicher denn je. Und schließlich gilt als dritte Verpflichtung aus dem Erbe die Wiederaufnahme jenes Strebens nach der Einheit von Kunst und Technik, die Gropius von Beginn des Bauhauses an postuliert hatte. Sie war in den fünfziger Jahren zugunsten einer rein ingenieurtechnischen Orientierung abgebrochen worden. Mit der Gründung einer Fakultät Gestaltung, mit der die Schule auch dem Anspruch ihres neuen Status als Universität gerecht wird, ist der Anfang für eine Symbiose zwischen Ingenieurwissenschaften und künstlerischen Fächern gemacht worden, die eine Aufnahme des Bauhaus-Erbes und zugleich eine einzigartige Chance für die Zukunft ist.

Herbert Weißhuhn

Linke Seite: Auch in der Typographie war das Bauhaus richtungweisend, wie ein Buchumschlag von Herbert Bayer (1923, oben) zeigt. – Ein Bauspiel von Alma Buscher (1924, Mitte). – Eine Tischlampe von Karl J. Jucker und Wilhelm Wagenfeld (1923/24, unten).
Rechte Seite: Das Musterhaus am Horn entwarf Georg Muche für die Bauhausausstellung 1923 (oben). – Studenten und Lehrer am Bauhaus in Weimar (Fotografie um 1922, unten).

Das Gebäude der Hochschule für Architektur und Bauwesen entstand 1911 nach Entwürfen von Henry van de Velde.

Schöne Jugendstilfassaden sind am Unteren Graben zu bewundern.

Diesseits und jenseits der Kulturmeile

nach ihrem berühmtesten Prediger und Generalsuperintendenten bald Herderkirche genannt. Die dreischiffige Hallenkirche entstand unter Einbeziehung einer älteren Kirche von 1498 bis 1500. Von 1735 bis 1745 wurde das Gotteshaus zur barocken Emporenkirche umgebaut. Zwei Jahrhunderte später machten Fliegerbomben bis auf die Außenmauern alles zunichte. Die Kirche wurde aber von 1948 bis 1953 wiederhergestellt. Im Innern der Kirche sind der 500jährige Taufstein, Grabplatten oder -steine für Herder, Cranach und Herzogin Anna Amalia sowie kunstvolle Gitter und Schilder zu sehen. Glanzstück des Hauses ist das von Lucas Cranach d. Ä. entworfene und von Sohn Lucas vollendete Altartriptychon.

Johann Gottfried Herders Wahlspruch «Licht – Liebe – Leben» steht auf dem 1850 von Ludwig Schaller geschaffenen bronzenen **Herder-Denkmal** geschrieben, das vor der Stätte seines Wirkens aufgestellt wurde.

Zu den ältesten Gebäuden des Herderplatzes gehören der 1429 erstmals erwähnte **«Sächsische Hof»**, das 1566 entstandene **Deutschritterhaus** und das zu Beginn des 18. Jahrhunderts errichtete **Alte Gymnasium**.

Diesseits und jenseits der Kulturmeile

Die meisten Weimarbesucher machen sich ihr Bild vom «Athen an der Ilm» über die innerstädtische Dichtermeile. Dabei gibt es noch viele andere Sehenswürdigkeiten zu entdecken.

Da ist zum Beispiel das lange Zeit auch als Herder-Museum genutzte **Kirms-Krackow-Haus**. Dieses Gebäude in der einstigen Jakobsvorstadt, auf mittelalterlichem Fundament um 1520 errichtet, bewohnten in der Goethezeit die Brüder Franz und Karl Kirms – zwei Beamte im Dienst Herzog Carl Augusts. Im Garten erbaute einer der Besitzer einen zierlichen Teepavillon. Die Erben Charlotte Krackows, der letzten Besitzerin, verkauften das Haus 1916 an die Stadt Weimar, die es als Museum ausgestalten ließ, um der Öffentlichkeit Einblick zu gewähren in bürgerliche Wohnkultur klassischer und nachklassischer Zeit. Dem Haus, in dem Nepomuk Hummel und Franz Liszt verkehrten und auch Hans Christian Andersen weilte, hat der Zahn der Zeit tüchtig zugesetzt, so daß es derzeit geschlossen ist und einer grundlegenden Rekonstruktion unterzogen wird. Doch interessante Ideen für

Der Architekt Henry van de Velde brachte um die Jahrhundertwende die neuen Bauformen des Jugendstil nach Weimar. Zahlreiche Fassaden aus dieser Zeit, wie in der Marienstraße, sind noch erhalten.

Hier kocht der Chef: Das Restaurant «Zum Zwiebel» in der Teichgasse bietet in uriger Atmosphäre köstliche Thüringer Spezialitäten.

Der Kasseturm am Goetheplatz, ein Wachturm der einstigen Befestigungsanlage, wird heute von einem Studentenclub genutzt.

Das Rote Schloß am Platz der Demokratie besitzt ein im Stil der Renaissance kunstvoll ausgeschmücktes Portal mit einer Wappentafel.

eine offene Nutzung des Wohnensembles nach Fertigstellung hat man bei der Stiftung Weimarer Klassik, der dieses Anwesen gehört, bereits.

Nur wenige Schritte entfernt präsentiert das Areal **Lutherhof** ein weiteres Stück «Alt-Weimar». Im **Lutherhof Nummer 5** verbrachte zum Beispiel Goethes Christiane ihre Kindheit. Im dreigeschossigen Haus **Luthergasse Nummer 1**, seit 1492 bezeugt, wohnte der «Gevatter» Luthers, Johann Burkhardt. Auch Martin Luther selbst soll hier gelegentlich Quartier bezogen haben. In dem Haus lebten zeitweise auch Christoph Martin Wieland sowie der Schriftsteller und Erzieher Johannes Daniel Falk.

Den nördlich des Schlosses am linken Ilmufer gelegenen **Kegelplatz** könnte man leicht übersehen. Die dort stehenden, von Schloß und Marstall umgebenen Bürgerhäuser aus dem 18. und 19. Jahrhundert stellen sich als ziemliche Allerweltshäuser dar. Eines davon jedoch atmet den Geist des klassischen Weimars. Am barocken, 1754 entstandenen Haus Nummer 4 erinnert eine Gedenktafel daran, daß hier mehrere Jahre Johann Karl August Musäus, der lange um seine Anerkennung als Schriftsteller ringen mußte, mit Familie wohnte. Heute befindet sich in dem Gebäude eine **Albert-Schweitzer-Begegnungsstätte**. Dem Urwaldarzt, der selbst nie in Weimar war, ist auch das 1968 enthüllte **Bronzedenkmal** in der Mitte des Kegelplatzes gewidmet. Es zeigt Albert Schweitzer mit Tropenhelm, eine afrikanische Mutter und zwei Kinder.

Auf einer Seite wird der Kegelplatz vom **Marstall** begrenzt. Im 14. Jahrhundert standen hier – nahe der Stadtbefestigung – ein Spital und ein Vorwerk. Letzteres wurde zum Wirtschaftsgebäude für den Hof. Ställe, eine Kurier- sowie eine Extrapoststation fanden unter anderem hier ihren Platz. Nach Plänen des Baumeisters Streichan entstand auf diesem Gelände von 1873 bis 1878 ein neues, dreiflügeliges, zweigeschossiges Gebäudeensemble. Seit den zwanziger Jahren dieses Jahrhunderts waren im Marstall Regierungsstellen untergebracht. Eine Gedenktafel an der Hauptdurchfahrt verweist darauf, daß sich hier von 1939 bis 1945 ein Gefängnis der Gestapo befand. Gegenwärtig wird das Areal teilweise für Archivzwecke genutzt.

Die im 12. Jahrhundert erstmals erwähnte **Kirche St. Jakob** wurde nach der Reformation geschlossen und als Kornhaus genutzt. Anstelle der 1712

Diesseits und jenseits der Kulturmeile

Der Kasseturm erhielt seinen Namen, als das fürstliche Finanzministerium nach einem Schloßbrand hier untergebracht war.

Eine kleine Erfrischung für müde Stadtbummler bieten die Kioske in der Innenstadt.

Eine Pause muß sein

Das «Residenzcafé» am Grünen Markt, «Resi» genannt, ist das älteste und traditionsreichste Café der Stadt.

endgültig abgebrochenen Ruine entstand im Auftrag des Herzogs ein einschiffiges barockes Gotteshaus. Dieses diente zeitweise auch als Garnison- oder Hofkirche. Ein Bild der Verwüstung hinterließen in der Kirche die 1806 bei Jena und Auerstedt geschlagenen Truppen, nachdem sie die Jakobskirche zum Lazarett umfunktioniert hatten. Genau in den Wirrnissen dieser Zeit, am 19. Oktober 1806, ließen sich in der Sakristei der Kirche Goethe und Christiane Vulpius trauen.

Auf dem zur Kirche gehörenden **Jakobsfriedhof**, Weimars ältester erhalten gebliebenen Begräbnisstätte, liegt Goethes Frau Christiane. Im Kassengewölbe des Friedhofs wurden adlige und verdienstvolle bürgerliche Verstorbene ohne eigene Erbbegräbnisse beerdigt, wie in der Nacht vom 11. zum 12. Mai 1805 auch Friedrich von Schiller. Den Sarg trugen Freunde des Dichters. 1826 ließ der Weimarer Bürgermeister Carl Lebrecht Schwabe die sterblichen Überreste Schillers bergen und in die neuerbaute Fürstengruft auf dem heutigen Historischen Hauptfriedhof überführen. In der sogenannten Malergruft des Jakobsfriedhofs fanden Lucas Cranach d. Ä., Johann Friedrich Loeber, Georg Melchior Kraus, Ferdinand Jagemann und die Malerfamilie Rentzsch ihre letzte Ruhestätte.

Der 1895 eingeweihte **Donndorfbrunnen** (Ecke Geleitstraße/Rittergasse) ist der schönste Brunnen der Stadt. Die im Mittelpunkt stehende Bronzegruppe «Mutter und Kind beim Wasserholen» ist eine Kopie. Der 1835 in Weimar geborene Bildhauer Adolf von Donndorf hatte das Original 1881 für einen Brunnen in New York geschaffen und die Kopie seiner «Vaterstadt in Liebe und Dankbarkeit gewidmet».

Ganz in der Nähe des Brunnens stand das 1453 von Herzog Wilhelm III. gestiftete **Franziskanerkloster**. Nach der Reformation wurden die Klostergebäude als Wohnungen genutzt. Die gesamte Anlage verfiel. Erhalten blieb nur der Hauptbau. Nach entsprechenden Umgestaltungen bot er sich als geeigneter Raum für die 1874 in Weimar gegründete erste Orchesterschule in Deutschland an. Auch die daraus hervorgegangene Musikhochschule «Franz Liszt» nutzt das am Wittumspalais angrenzende Gebäude. Regelmäßig wird zu öffentlichen Konzerten – auch an der jüngst eingebauten Orgel – eingeladen.

Das **Goethe- und Schiller-Archiv** in der Hans-Wahl-Straße thront in recht ordentlicher Höhe über der Stadt. Es entstand, wie auch die Internationale Goethe-Gesellschaft, unmittelbar nach der Eröffnung des Testaments des letzten Goethe-Enkels Walther Wolfgang. Dieser hatte 1885 Großherzogin Sophie «zur Erbin des Goetheschen Familienarchivs ernannt». Das älteste Literaturarchiv Deutschlands, 1889 um den Schiller-Nachlaß erweitert, ist seit 1896 in der Hans-Wahl-Straße untergebracht. Auftraggeberin für das Gebäude, das der Weimarer Architekt Otto Minckert nach dem Vorbild des «Petit Trianon» im Park von Versailles errichtete, war die Großherzogin Sophie. Unter ihrer Schirmherrschaft wurde hier die große historisch-kritische Gesamtausgabe der Werke, Tagebücher und Briefe Goethes (sogenannte Sophien-Ausgabe) erarbeitet, die von 1887 bis 1919 in 143 Bänden erschien. Bereits in den ersten Jahren nach seiner Gründung konnte das Archiv zahlreiche weitere handschriftliche Nachlässe von Schriftstellern, Wissenschaftlern, Komponisten und bildenden Künstlern erwerben. Derzeit werden hier über 100 Nachlässe aufbewahrt, darunter die von Christoph Martin Wieland, Johann Gottfried Herder, Achim und Bettina von Arnim, Karl Leberecht Im-

In Goethes erster eigener Wohnung in Weimar am Burgplatz ist heute das «Autonome Cultur Centrum» mit dem Café «Goethe trifft Nina» untergebracht.

Im Gelben Schloß, von 1702 bis 1704 im Auftrag von Herzog Johann Ernst errichtet, wurde 1761 der heute fast vergessene Schriftsteller August von Kotzebue geboren.

In Weimar gibt es auch interessante Ecken, die nicht sofort an Goethe oder Schiller erinnern. Hier ein Blick in die Kaufstraße/Ecke Schloßgasse (Fotografie um 1912).

Ein Hobby aus vergangenen Tagen: Mitglieder des Vereins der Weimarer Armbrustschützen im Garten ihres Lokals (Fotografie um 1910).

mermann, Eduard Mörike, Ferdinand Freiligrath, Fritz Reuter, Friedrich Hebbel, Georg Büchner, Gustav Freytag, von den Goethe-Freunden und -Mitarbeitern Karl Ludwig von Knebel, Karl Friedrich Zelter, Friedrich Wilhelm Riemer und Johann Heinrich Meyer, von dem Komponisten Franz Liszt, dem Architekten Clemens Wenzeslaus Coudray und dem Bildhauer Ernst Rietschel. Auch der Nachlaß Nietzsches liegt hier.

Die **Altenburg** in der Jenaer Straße, 1811 für den Oberstallmeister Friedrich von Seebach erbaut, erlebte Mitte des 19. Jahrhunderts ihre Blütezeit als Treffpunkt analog dem Haus am Frauenplan zu Goethes Lebzeiten. Hier wohnten der Komponist, Klaviervirtuose und Dirigent Franz Liszt und seine Lebensgefährtin Fürstin Caroline von Sayn-Wittgenstein. Hier bildete der Meister seine Schüler aus, hier fanden regelmäßig öffentliche Konzerte statt und hier – vor allem im «Weißen Saal» und im «Musiksalon» – trafen sich namhafte Persönlichkeiten der europäischen Musik-, Literatur- und Kunstszene zu fachlichem und geselligem Austausch.

In einer erstmals im 15. Jahrhundert erwähnten, 1777 vom «Kaufmann der Goethezeit», Friedrich Justin Bertuch, er-

worbenen Baumgartenanlage entstand von 1930 bis 1932 das heutige **Kultur- und Kongreßzentrum Weimarhalle**, der größte Saalbau der Stadt. Bis zur Wiedereröffnung des zerstörten eigenen Hauses 1948 spielte hier das Ensemble des Deutschen Nationaltheaters.

Zur Ostseite hin schließt den Park der von 1780 bis 1782 erbaute Gebäudekomplex Liebknechtstraße 5–9, das sogenannte **Bertuchhaus**, ab. Als Domizil für Friedrich Justin Bertuchs Landes-Industrie-Comptoir und ein Geografisches Institut errichtet, wechselte es seine Bestimmung mehrfach. Seit 1955 befindet sich hier das **Weimarer Stadtmuseum**.

Frisch herausgeputztes Glanzstück der Steubenstraße ist die um 1880 entstandene **Brauerei**. Das repräsentative Klinkersteingebäude fand nach Umbau und Modernisierung in der Bibliothek der Hochschule für Architektur und Bauwesen (HAB) Weimar einen neuen Nutzer. Zum Dachgeschoß hin, das noch um eine gläserne Kuppel zu Ausstellungszwecken erweitert wird, entstanden Räume für die Druck-, Foto- und Video-Werkstätten/Ateliers der erst 1993 gegründeten, an Weimarer Bauhaustraditionen anknüpfenden Fakultät für Gestaltung der HAB.

Nach verkehrstechnischen Umbauten präsentiert sich der **Wielandplatz** eigentlich nur noch als breite Straße. Auch das dem Namensstifter gewidmete, auf seitlicher Anhöhe stehende **Wieland-Denkmal** nimmt von diesem Eindruck wenig. Das 1857 enthüllte Bronzestandbild schuf der Wiener Bildhauer Hanns Gasser.

Das **Atelier Louis Helds**, der seit 1882 in Weimar ansässige Fotograf, der mehrere Jahrzehnte des alten Weimars und seiner prominenten Bewohner und Besucher festgehalten hat, befand sich in dem 1945 teils durch Bomben zerstörten Haus Marienstraße 1. Hier, wo inzwischen eine bemerkenswerte Galerie untergebracht ist, eröffnete Held 1912 ein privates Filmtheater, die sogenannten Reform-Lichtspiele. Zu sehen waren dort auch von ihm gedrehte Experimentalfilme. Teile des wertvollen Heldschen Platten-, Film- und Bildarchivs werden im Stadtmuseum aufbewahrt.

Für Weimar-Besucher besonders interessante Gebäude, in denen heute die **Hochschule für Architektur und Bauwesen** Studenten ausbildet, sind jene, die an das von 1919 bis 1925 in Weimar wirkende Bauhaus erinnern. Die Gebäude finden sich in der Geschwister-Scholl-Straße, darunter auch

Diesseits und jenseits der Kulturmeile

Die Weimarer Altstadt: Im Graben (oben) und in der Jacobstraße (unten).

Glanz und Reichtum des alten Weimar spiegeln sich in den herrschaftlichen Villen wider.

Gediegener Wohlstand

Eine der sorgfältig restaurierten Fassaden in der Altstadt.

die von Henry van de Velde von 1904 bis 1906 erbaute **Kunstgewerbeschule** und das 1911 vom selben Architekten konzipierte **Werkstatt-, Atelier- und Lehrgebäude**. Das 1904 auf genossenschaftlicher Basis von Weimarer Künstlern errichtete Gebäude an der oberen Einmündung Hausknechtstraße wird bis heute als Atelierhaus genutzt.

Der nach der notwendig gewordenen Schließung des Jakobsfriedhofs 1818 eröffnete «Neue Friedhof vor dem Frauentor» ist als nunmehr **Historischer Friedhof** eine wahre Pilgerstätte für alle, die am klassischen und nachklassischen Weimar interessiert sind. Die Berühmtheit der parkähnlichen Anlage begann mit der Errichtung des 1825/26 von Coudray geschaffenen Mausoleums für die fürstliche Familie. Hier ruhen Wilhelm IV., der Stammvater des neueren Weimarer Regentenhauses, sowie seine Nachkommen, darunter Großherzog Carl August und seine Gemahlin Luise. Auf Herzog Carl Augusts Wunsch fanden in der Fürstengruft auch Goethe und Schiller ihre letzte Ruhestätte. Hinter der Gruft erhebt sich die russisch-orthodoxe Kapelle, die als Begräbnisstätte für die Großherzogin Maria Pawlowna um 1860 nach Plänen von Ferdinand Streichan erbaut wurde. Ein Spaziergang zu den Grabfeldern, die diese beiden markanten Gebäude umgeben, führt auch zur Begegnung mit anderen großen Namen der Weimarer Geschichte: Charlotte von Stein, Johann Peter Eckermann, Johann Heinrich Meyer, Friedrich Wilhelm Riemer, Gräber für die Enkel Goethes sowie für die Familien Herder, Falk und Coudray gehören unter anderem dazu.

Der in Weimar 1900 verstorbene Philologe, Schriftsteller und Philosoph Friedrich Nietzsche verbrachte die letzten drei Jahre seines Lebens bei seiner Schwester Förster-Nietzsche in der **Villa Silberblick** in der Humboldtstraße 36. Das Erdgeschoß hatte Henry van de Velde im Jugendstil umgestaltet und eingerichtet. Darin befindet sich heute eine kleine Gedenkstätte für Nietzsche.

Weimar zwischen alternativ und provokativ

Jahr für Jahr reisen unzählige Besucher nach Weimar, um auf Goethes, Schillers oder Liszts Spuren zu wandeln. Aber ist Weimar nur der Hort alles Klassischen? Weimar zwischen alternativ und provokativ – das verspricht interessante und auch ungewöhnliche Entdeckungen in

Fortsetzung Seite 119

Skulptur in einem Vorgarten (oben), stattliches Bürgerhaus (unten).

KUNST IN FREIER NATUR
SOMMERLUST IN PARKS UND SCHLÖSSERN

«Füllest wieder's liebe Tal» – so beginnt die Urfassung eines der schönsten Gedichte des jungen Goethe. In einem anderen Gedicht aus der gleichen Zeit heißt es «meine liebe Wiese». Das sind nicht etwa bloße poetische Floskeln, sondern Zeugnisse der innigen Bindung des Dichters an die Natur, die ihn zeit seines Lebens begleitet hat. Als er diese Verse schrieb, bewohnte er das Gartenhaus im Ilmtal, das durch sein Wirken und das seines fürstlichen Freunds zum Park an der Ilm werden sollte, eine der Parklandschaften um Weimar, die die Zeit der deutschen Klassik uns hinterlassen hat. Wer heute die Weimarer Parks genießt, findet natürlich nicht mehr den gleichen Zustand wie in klassischer Zeit vor. Garten und Park sind etwas Lebendiges, sie sind dem Wachsen und Vergehen unterworfen. Bedeutende Gartengestalter des vergangenen Jahrhunderts, Fürst Hermann von Pückler-Muskau und sein Schüler Karl Eduard Petzold, haben Mitte des 19. Jahrhunderts die Anlagen einfühlsam verjüngt, und seit den siebziger Jahren dieses Jahrhunderts ist endlich eine kontinuierliche, denkmalbewußte Pflege und Erneuerung im Gang, die nach Jahrzehnten einer Beharrung auf dem Alten auch dringend nötig war.

Der **Park an der Ilm**, auch Goethepark genannt, reicht bis an das Zentrum der Altstadt, er ist eigentlich kein Ausflugsziel, sondern der «Garten vor der Tür». Zwei Ereignisse gaben den Impuls, daß aus der «raupigten Einöde» des Ilmtals, in der Goethe recht einsam in seinem Gartenhaus wohnte, ein Park wurde. Als ein Hoffräulein sich aus Liebeskummer in der Ilm das Leben nahm – sie soll den «Werther» bei sich gehabt haben –, war Goethe so bewegt, daß er ihr nahe der Stätte, wo sie gefunden wurde, ein Gedenkzeichen errichten wollte. Gemeinsam mit dem Hofgärtner und einigen Bauern schuf er im Steilhang des westlichen Ufers jene Treppen- und Grottenlandschaft, die heute unter dem Namen «Nadelöhr» wohl der beliebteste Zugang zum Park ist. Ein halbes Jahr später entstand aus Anlaß eines Fests für Herzogin Luise eine simple Bretterhütte, die allmählich zum Borkenhäuschen umgestaltet, zum

Linke Seite: Uraufführung der «Iphigenie auf Tauris» 1779 im Park der Ettersburg mit Goethe als Orest und Corona Schröter als Iphigenie (Gemälde, oben). – Jungfrauen beim Luisenfest im Park an der Ilm (Fotografie um 1900, unten). Rechte Seite: «Weimars goldene Tage». Schiller vor Anna Amalia, Carl August und Luise, Goethe, Wieland, Herder, Musäus, den Gebrüdern Humboldt und anderen (Gemälde von Theobald Reinhold Freiherr von Oer, 1860, Schloß Bellevue, Berlin).

Refugium des Herzogs wurde. Dabei bezog man den Welschen Garten oberhalb des «Nadelöhrs» mit ein und öffnete ihn den Bürgern der Stadt.

So wurde hier die Natur zum erweiterten Wohnbereich. Man schlief gern im Freien, man badete auch in der Ilm; von Goethe ist das bis in den Winter nachgewiesen. Schließlich ließ sich Carl August statt des doch zu unkomfortablen Borkenhäuschens als Sommersitz das Römische Haus bauen, das ihm Goethe in Erinnerung an seine Italienreise konzipierte. An der Eingangsseite wie ein antiker Tempel, nach der Ilmseite als ganz schlichter Baukörper hoch über den Hang ragend, in Form und Ausstattung streng im klassizistischen Stil, erfüllte das Haus die notwendige Repräsentationspflicht und bot zugleich den weiten Blick in die Natur. Daß von seinen Gartenfenstern die Blickverbindung über die Dux-Brücke zu den Fenstern von Goethes Arbeitszimmer im Gartenhaus reicht, ist gewiß kein Zufall.

Der Stadt am nächsten liegt jener Teil des Parks, der einst Schloßgarten war. Die Sternbrücke, deren geschwungene Bogen ihn flußabwärts begrenzen, war eines der beliebtesten Motive Weimarer Maler. Wenige Schritte davon entfernt entspringt aus drei Quellen der Leutrabach, der nach wenigen Metern in die Ilm mündet. Zwei der Quellen sind in klassischer Zeit kunstvoll gefaßt worden, die dritte entspringt mitten auf dem Weg in einem kreisrunden Teich, dem «Ochsenauge».

Durchmißt man von da aus den Goethepark, an Goethes Gartenhaus und am Römischen Haus vorbei bis hin zur Schaukelbrücke in Oberweimar, so spürt man kaum, wie die Parklandschaft mit ihrem schönen Baumbestand, ihren Wiesen sowie den Büschen und Wegen, die den Windungen der Ilm folgen, ganz allmählich in die freie Natur übergeht.

War der Goethepark ein in die Natur hinein erweiterter Wohnbereich, so wurden die drei anderen Parkanlagen geschätzt als nicht zu weite, nicht zu strapaziöse Ausflugsziele. Bei Hof nutzte man sie in klassischer Zeit vor allem gern als Sommersitze.

Auf die Eichenleite südlich der Stadt, wo Herzog Ernst August von 1724 bis 1732 das barocke **Schloß Belvedere** erbauen ließ, führt bereits seit 1756 eine schnurgerade Allee, denn das Schloß war der Sitz des Erbprinzen. Das Ensemble mit dem Schlößchen, den Kavaliershäusern, mit Springbrunnen und Orangerie und mit dem weiten Blick über die Stadt im Tal läßt allzu leicht das Wissen darüber verdrängen, daß die Bauwut dieses Fürsten das Land in schwere Not gestürzt hat. Das Schloß ist jetzt ein ansehnliches Rokokomuseum, die Kavaliershäuser werden nach ihrer Wiederherstellung wohl vom Musikgymnasium genutzt werden. Geblieben vom einstigen Barockgarten sind lediglich die Anlagen um die Gewächshäuser. Diese markieren jedoch zugleich eine Besonderheit des Belvederer Parks: Hier wurden von Anfang an seltene Pflanzen aus aller Welt kultiviert. Besichtigen konnte man sie jedoch erst, als Carl August hier die Mauern schleifen ließ, wobei dann auch allerlei Zierat und bauliche Accessoires des Gartens verschwanden. Stück für Stück wurde der Botanische Garten ausgebaut, ein bedeutender wissenschaftli-

cher Berater genommen und fleißig weiter seltenes Pflanzgut gesammelt, so daß Belvedere damals als der reichste botanische Garten des Festlands galt.
Wenn im Frühjahr die schweren Kübel mit den exotischen Pflanzen aus den schützenden Häusern gekarrt, die Beete frisch bepflanzt und instand gesetzt sind, bietet das Gelände um die Orangerie ein schönes Bild. Doch da ist noch der eigentliche Park auf dem tief eingeschnittenen Steilhang des Possenbachs. Hier gibt es Gruppen von kostbaren fremdländischen Bäumen und mächtige Stämme, die offenbar prächtig gedeihen. Wer den beschaulichen Spaziergang sucht, der genießt die gepflegten Wege, die meist mit sanfter Neigung am Hang entlangführen. Hier und da werden sie durch einen Schmuckplatz mit Porträtbüsten, durch ein Rondell mit Springbrunnen oder eine Grotte mit Ruhebänken unterbrochen. Der russischen Großfürstin Maria Pawlowna zuliebe, der Schwiegertochter Carl Augusts, entstand an der Westseite des Parks ein zierlicher «Russischer Garten» mit gezirkelten Beeten, Pergola, einem Heckentheater, plastischem Schmuck und Irrgarten – eine Reminiszenz an den barocken Hausgarten der Fürstin im heimatlichen Zarskoje Selo.

Auch **Schloß Ettersburg** war, wie der Vorläufer von Schloß Belvedere, einst ein Jagdschloß, rund 20 Jahre älter, am waldreichen Nordhang des Ettersbergs gelegen. Das Schloß ist ein ganz schlichter dreiflügeliger Barockbau, dem dann noch ein einzelner, reich verzierter Baukörper vorgesetzt worden war. Von dem Garten und Park, der zur Zeit der deutschen Klassik bestand, ist kaum etwas erhalten. Erst später, 1845, hat Hermann Fürst von Pückler-Muskau das Waldgelände des Berghangs zu einer Parkwiese umgestaltet, indem er eine Sichtverbindung von der Höhe des Bergs zum Schloß freischlug.
Das Schloß selbst ist zur Zeit nicht zu besichtigen. Zu Anna Amalias Zeiten war es zeitweise ihr Sommersitz. Von 1776 bis 1780 erfüllte sie mit ihrem Hof und ihren Freunden Ettersburg mit prallem Leben. Man spielte vor allem Theater. Zahlreiche Stücke Goethes wurden von der Hofgesellschaft aufgeführt, aber auch Werke anderer Autoren. Und alles wurde selber gemacht.
Hier zeichnet sich eine Besonderheit des Weimarer Lebens jener Tage ab, die dann am letzten Ziel unserer

Linke Seite: Goethes Gartenhaus im Park an der Ilm (kolorierter Stahlstich um 1840, oben). – Schloß Belvedere (Aquarell von Peter Woltze, 1882, unten).
Rechte Seite: Etikette ist alles: Um 1885 achtete man auch beim Sport auf «anständige» Kleidung; Damentennis auf dem Stern im Park an der Ilm.

Parkwanderung, in **Tiefurt**, ihre Krönung gefunden hat: Eine Gruppe begabter, hochintelligenter junger Leute machte sich frei von den Verpflichtungen und Verflechtungen höfischen Zeremoniells und bildete einen eigenen Kreis, der in gemeinsamem Gespräch, beim Musizieren, bei Tanz, Theater und Scherz, aber auch in temperamentvollem Meinungsstreit sich selbst verwirklichte und zur Höchstform anspornte.
Tiefurt ist eigentlich kein Schloß, allenfalls ein Landgut. Hier hatte der Pächter des Kammerguts gewohnt, bis das Haus 1775 von Anna Amalia zum Wohnsitz ihres jüngsten Sohnes Konstantin bestimmt wurde. Von 1781 bis etwa 1806 hat sie es selbst als Sommersitz genutzt. Und selbstverständlich folgte ihr wie ein Kometenschweif der Kreis ihrer Freunde, um auf einfache, ländliche Art zu leben. Allmählich wurde das Gebäude diesen Ansprüchen gemäß eingerichtet. Diese Atmosphäre ist auch heute nach der sorgfältigen Renovierung von 1978 bis 1981 wieder zu spüren: Die Räume mit breiten Holzdielen, die Böden zum Teil mit Leinwand überspannt, die man mit Ölfarbe gestrichen hatte, die Wände mit einfachem Anstrich, zum Teil mit Rankenwerk verziert, bescheidene, aber dennoch geschmackvolle Möblierung – dies alles atmet schlichte Behaglichkeit. Schon Ludwig Knebel begann mit der Gestaltung des Parks. Von der Ilm umflossen, nach Norden durch einen Steilhang begrenzt, präsentieren sich Rasenflächen mit Baumgruppen, zierlichen Beeten, einem Teehaus, einem Musentempel, Gedenksteinen, darunter das erste Denkmal, das Mozart gesetzt wurde, den Anna Amalia hoch verehrte.
Wenn die Runde in Tiefurt versammelt war, herrschte dort ein bewegtes Leben, noch reicher und noch vielseitiger als vorher in Ettersburg. Es wurde gemalt und musiziert, gelesen und Theater gespielt, auch im Freien, mit der Landschaft und dem Ilmufer als Kulisse, es wurde gescherzt, allerlei Übermut getrieben und vor allem auch ernsthaft diskutiert.
Das spürt man noch heute. Neben dem weitläufigen Park an der Ilm, dem vielgestaltigen von Belvedere, dem naturhaften von Ettersburg zeigt das behagliche Tiefurt einige der schönsten Farben im facettenreichen Bild der deutschen Klassik.

Herbert Weißhuhn

Der Musentempel mit der Statue der Polyhymnia, der Muse des Gesangs, im Park von Schloß Tiefurt.

Höfische Pracht: die Orangerie im Park von Schloß Belvedere.

der 60 000-Einwohner-Stadt mit dem wissenschaftlich nachgewiesenen kulturellen Dauerangebot einer Halbmillionenstadt. Einige Beispiele sollen hier genannt werden.

Wenn Goethes Geburtstag auf dem Kalender steht, am 28. August, dann wird dieser natürlich in der Stadt seines hauptsächlichen Wirkens, wie auch auf den Schlössern von Dornburg bei Jena oder im Jagdschloß Gabelbach bei Ilmenau, so gefeiert, wie man das gemeinhin für zeitgemäß erachtet: Kerzenschein, Kammermusik, ein wenig lieblicher Goethescher Text, von Rot- oder Weißwein funkelnde Gläser in den Händen der im «kleinen Schwarzen» oder Nadelstreif erschienenen Gästeschar. Wer es jedoch einmal anders mag, der wird nicht mehr vergebens danach suchen. Da gibt es zum Beispiel das **«Frühstück bei Goethe»**. In einer ehemaligen Garage am Schloßpark Ettersburg (seit kurzem heißt das Häuschen «Café Ettersburg») bietet eine einfallsreiche und unternehmungslustige Gruppe junger Leute bei Jazzmusik frivole bis politisch garstige Texte von und über Goethe sowie Essen und Trinken nach Art des Jubilars an: Goethe einmal ohne Verklärung.

Hotels, Herbergen, Restaurants sowie Gaststätten, die sich in irgendeiner Weise mit klassischem oder nachklassischem «Personal» schmücken können und dieses Image pflegen, hat die Stadt noch immer. Und auch das Publikum dafür ist stark im Kommen. Aber nicht nur dort. Da gibt es am Markt 21 in der Nachbarschaft von Weimars ältester Gaststätte «Zum Schwarzen Bären» den originellen, erst nach der Wende von 1989 eröffneten **«C. Keller»** mit einer Galerie im 1. Stock. Oder neben dem Café «Resi» am Burgplatz lädt das auch nach 1989 entstandene **«ACC»** (Autonomes Cultur Centrum) mit einer Galerie und teils rustikal-französischer Küche ein. Dieses und ähnliches mehr findet sich inzwischen auch zur Freude der vielen, längst nicht mehr nur in Weimar gebürtigen Besucher.

Das Restaurant **«Zum Zwiebel»** (Sie lesen richtig «Zum») steht nicht auf der städtischen «Kulturmeile». Weit ab davon aber auch nicht, und so – wie alles in Weimar – schnell und bequem zu erreichen. Der Weg in die Teichgasse lohnt. Das aus einheimischem Allerlei originell und gekonnt zusammengewürfelte Ambiente bildet den lustvollen Rahmen für eine «gute alte deutsche Küche» in Wei-

Das Schloß Belvedere (oben und unten), zwischen 1724 und 1732 errichtet, diente den Herzögen von Weimar als Sommerresidenz und Treffpunkt des Hofes. Heute ist das Jagd- und Lustschlößchen ein beliebtes Ausflugsziel.

Vom Roten Turm im Park von Schloß Belvedere bietet sich ein schöner Blick über das Ilmtal.

Bei einem Weimarbesuch sollte man einen Abstecher in das nahegelegene Dornburg mit seinen drei Schlössern machen; hier auf der Terrasse des Renaissanceschlosses.

mars klassischer Innenstadt. Hier kocht nicht nur der Chef, hier ist auch alles von Hand gemacht.

Nach Weimar kommt man wegen der literarischen Memorialstätten und Museen. Aber auch dazu gibt es Alternativen. Mag man ein Museum für Ur- und Frühgeschichte oder das Stadtmuseum noch ins beinahe klassische Repertoire einer Stadt wie Weimar einordnen, gelingt das bei Deutschlands einzigem **Bienenmuseum** nicht mehr. Dies wurde 1910 eröffnet, zog mehrfach um und hat seit 1957 seinen Platz im einstigen Landgasthof «Goldener Schwan», in der Ilmstraße von Oberweimar, gefunden.

Einen Besuch wert ist auch das **Nonnenkloster Oberweimar**. Fragt man nach dessen Standort und dem dazugehörigen Speicher, trifft man allzuoft nur auf bedauerndes Schulterzucken. Hat man die Anlage einmal selbst gesehen, verwundert das nicht besonders. Der Mischmasch von Baustilen und -epochen macht nicht gerade neugierig auf das Areal rund um die Klosterkirche Oberweimar. Dabei wurde hier Weimarer Siedlungs- und Kulturgeschichte geschrieben. Die mittelalterliche, 1244 erstmals urkundlich erwähnte Klosteranlage hat Weimar wesentliche Impulse gegeben. Besonders hervorzuheben sind die Dreifelderwirtschaft, die Fassung von Quellen und Brunnen sowie von offenen und verdohlten Wasserleitungen, die Dränierung und Kanalisierung von Feuchtgebieten, die Anlage von Teichen, die Installation von Mühlkanälen und Seitenarmen der Ilm zur Regulierung der Energie-/Wasserzufuhr und schließlich der Schutz der größtenteils im Besitz des Klosters befindlichen Siedlung vor Hochwasser, indem man das Gelände auffüllte und planierte. Im Zuge der Reformation wurde das Kloster aufgehoben und die Nonnen mit einem sogenannten Gnadengeld ausgestattet. Der Klosterbesitz wurde in ein landesherrliches Amt verwandelt und im Jahr 1672 in das Amt Weimar eingegliedert. Original erhaltene bauliche Spuren dieser Entwicklung finden sich kaum. Nahezu bilderbuchmäßig jedoch präsentiert sich noch das Erdgeschoß des Speichers. Am schlichten, aus etwa 150 Jahre alten Hölzern gezimmerten Fachwerk kann der Besucher inzwischen längst vergessene Holzverarbeitungstechniken nachvollziehen.

Wer nach Weimar kommt, geht vielleicht auch in das Deutsche Nationaltheater. Doch einziger Thalia-Tempel

Weimar zwischen alternativ und provokativ

Sanfte Hügel, grüne Wiesen: Blick auf das Saaletal vom Rokokoschloß in Dornburg.

Das Rokokoschloß in Dornburg wurde in der ersten Hälfte des 18. Jahrhunderts errichtet.

Reizvolle Umgebung

ALTE STÄDTE, ROMANTISCHE DÖRFER

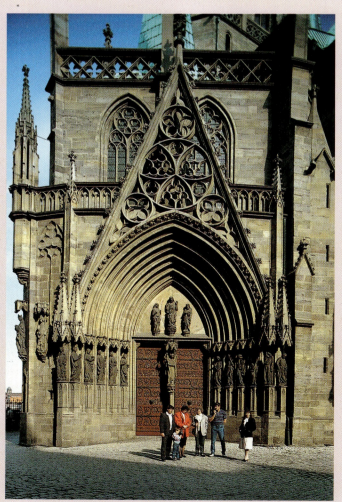

Erfurt «liegt am besten Ort. Da muß eine Stadt stehen, wenn sie denn gleich wegbrennte», schwärmte der Kirchenreformator Martin Luther über die 742 erstmals urkundlich erwähnte Landeshauptstadt Thüringens. Martin Luther, der zunächst an der im Mittelalter europaweit berühmten Erfurter Universität studierte, später ins Augustinerkloster eintrat und oft auch noch in der Stadt an der Gera predigte, ist im Stadtzentrum ein Denkmal gewidmet.

Das «Thüringische Rom» liegt am Schnittpunkt uralter Handels- und Heeresstraßen. Hierher mußte man sein Fuhrwerk oder seine Kutsche lenken, wollte man Deutschland von Süd nach Nord durchqueren oder über die von Frankfurt/Main nach Breslau verlaufende «Via regia» genannte «Hohe Königstraße» hinaus ins große Europa gelangen. Der Furt an der Krämerbrücke kam dabei eine wichtige Bedeutung zu. Die Krämerbrücke, bis in unsere Tage vielbestauntes profanes Stadtheiligtum, ist die einzige bebaute und bewohnte Brücke nördlich der Alpen. Wie diese zählen auch das auf dem Domhügel sich erhebende Ensemble von Mariendom und Kirche St. Severi, die einstige Festung Petersburg, der von Bürger- und Fachwerkhäusern gesäumte Domplatz, der Fischmarkt mit Rathaus und Haus «Zum Breiten Herd», der Wenigemarkt und das als städtische Drehscheibe fungierende Areal Anger/Bahnhofstraße zu den touristischen Anziehungspunkten der überdies an Museen und Galerien reichen Stadt. Wenn auch nicht mehr in dem Umfang wie einst, zeugen doch die Blumenfelder in Erfurts Peripherie und die ständige Gartenbauausstellung auf dem Gelände der Cyriaksburg noch von Erfurts jahrhundertelangem Ruf als «Blumenstadt».

Von Weimar nach **Jena**: Da rollt man auf den Wegen, die die Personen des klassischen Weimars so oft gegangen oder gefahren sind. Schnell bewältigt man die knapp zwei Dutzend Kilometer vom «Athen an der Ilm» nach Jena, das für

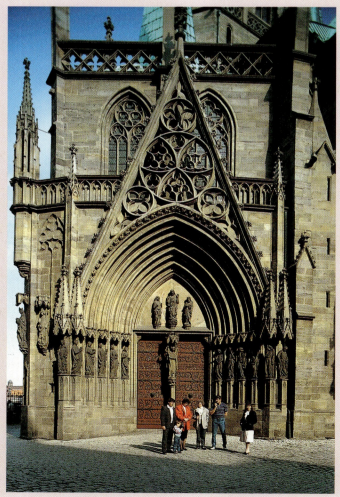

Goethe «liebes närrisches Nest» wie auch «Stapelstadt des Wissens und der Wissenschaften» war. In Jena verbrachte Schiller die längste zusammenhängende Zeit seines Lebens. An der 1558 gegründeten, seit 1934 nach ihm benannten Universität hielt der bereits bekannte Dichter im Mai 1789 vor 400 Studenten und Dozenten seine triumphale Antrittsrede «Was heißt und zu welchem Ende studiert man Universalgeschichte?» In der Stadt an der Saale nahm auch jene überaus kreative Freundschaft ihren Anfang, die ein Leben lang halten sollte, die des Dichter-Duos Goethe-Schiller. Was dem literarischen, künstlerischen und philosophischen Weimar der «Musenhof» von Anna Amalia bedeutete, fand in Jena seine Entsprechung in dem 1784 errichteten Gartenhaus des Theologieprofessors und Goethe-Freundes Johann Jacob Griesbach. In dem nunmehr zur Universität gehörenden herrlichen Anwesen traf sich laut Goethe alles, «was Rang und Namen hat in Deutschland».

In der Nähe, in dem inzwischen «Romantikerhaus» genannten Haus Unterm Markt, traf sich zu gleicher Zeit eine Gruppe junger Frauen und Männer, deren Ansichten mit denen der Klassiker, mit dem Geist jener Jahre überhaupt, kollidierten. Als «Jahrfünft der Jenaer Frühromantik» (1796 bis 1801) ist diese Zeit in die deutsche Literaturgeschichte eingegangen.

Auf wirtschaftlichem Gebiet, genauer der optischen Industrie und Feinmechanik, trugen mit ihrem Wirken Männer wie Carl Zeiß, Ernst Abbe und Otto Schott den Ruf der Stadt in alle Welt. Während des Ausflugs von Weimar nach Jena sollte man Besichtigungszeit einplanen für die markanten Reste der Stadtmauer, für das gotische Rathaus am Markt, das Stadt-

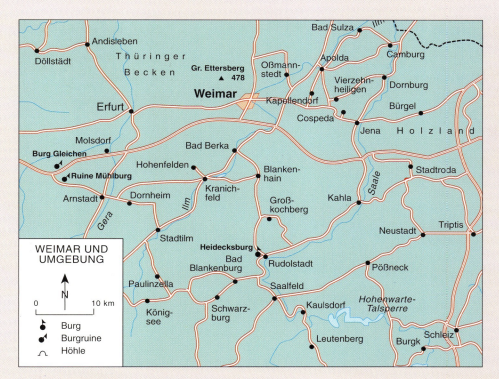

museum «Göhre», die Stadtkirchen, das ehemalige und das heutige Hauptgebäude der Universität, das Schillerhaus, das Planetarium und den Botanischen Garten.

Wenige Kilometer nördlich von Jena erhebt sich über dem mittleren Saaletal auf schroff abfallenden Felsen die kleine Stadt **Dornburg** (etwa 1300 Einwohner). Wenn hier auch manche deutsche Königsurkunde ausgestellt wurde, wäre der Ausflug hierher kaum etwas Besonderes, stünden nicht 90 Meter über der gemächlich dahinfließenden Saale jene drei Schlösser, die wegen ihrer architektonischen Reize und Gesamtanlage gleichermaßen, oder mehr noch – wie könnte es auch anders sein –, weil hier Goethe eine Weile wohnte, zu touristischen Pilgerstätten geworden sind.

Das populärste des als Dornburger Schlösser bekannten Ensembles ist das zweistöckige südliche Schloß aus der Mitte des 16. Jahrhunderts. Zwischen 1776 und 1828 hielt sich der Weimarische Dichter und Staatsmann Goethe hier mehrere Male länger auf. In Dornburg arbeitete er an «Iphigenie» und «Egmont». In der Zurückgezogenheit des Schlosses vollendete er die Ode «Auf Miedings Tod». Jedes Jahr im Frühsommer findet auf den Dornburger Schlössern ein großes Rosenfest (mit Kür der Rosenkönigin) statt. Alljährlich im August feiert in Dornburgs Gärten und Schlössern eine große Goethe-Gemeinde bei Kerzenschein, Musik, Literatur und einheimischen Kulinarien den Geburtstag des verehrten Meisters.

Goethe und die mit ihm über mehr als ein Jahrzehnt innig verbundene Charlotte von Stein sind es, die das zwischen Rudolstadt und Weimar liegende Dörfchen **Großkochberg**, besser gesagt das dortige Wasserschloß, zum Mekka der Liebhaber des klassischen Weimars und seines Umfelds werden ließen. Das Schloß, entstanden um 1600 als Erweiterungsbau eines befestigten Adelssitzes, wurde von 1731 bis 1733 umgestaltet und im 19. Jahrhundert wiederholt baulich verändert. Zum Schloßensemble gehört ein kleines Liebhabertheater, das von 1796 bis 1799 errichtet wurde. Eine Rarität sind die marmorierten Papiertapeten im Bühnen- und Zuschauerraum. Der zum Schloßviertel gehörende, in eine reizvolle Landschaft eingebettete Park mit einem Badeteich, Wasserläufen und Blumengarten wurde im ersten Drittel des 19. Jahrhunderts angelegt.

Von 1733 bis 1946 war Schloß Kochberg im Besitz der Familie des Freiherrn von Stein. Den Landsitz genossen Familie und Freunde als abwechslungsreiche Erweiterung der Weimarer Existenz, die sie gern in Anspruch nahmen. Goethe weilte oft in dem wirtschaftlich wenig ertragreichen Anwesen. Mit dem Wagen benötigte er von Weimar sieben, zu Pferde drei und zu Fuß zwischen vier und fünf Stunden. Nach aufwendiger Rekonstruktion der desolaten Gebäude wurden 1975 das Schloß und eine kleine Goethe-Gedenkstätte wieder der Öffentlichkeit zugänglich gemacht. In den mit Möbeln und Kunstgegenständen aus dem Besitz Charlotte von Steins eingerichteten Räumen wird an die zahlreichen Besuche Goethes bei seiner Freundin und Vertrauten des ersten Weimarer

Linke Seite: Eine Porzellanmalerin in Blankenhain (oben). – Das Portal des Erfurter Doms St. Marien (unten).
Rechte Seite: Umgeben von grünen Hügeln: Saalborn.

Jahrzehnts erinnert. Im Liebhabertheater finden regelmäßig Aufführungen, Lesungen und Konzerte statt.

Nordöstlich von Weimar liegt an der unteren Ilm **Apolda**, dessen Anfänge bis in die ersten Jahrhunderte unserer Zeitrechnung zurückreichen. Zur Stadt wurde Apolda im 12./13. Jahrhundert erhoben.

Bekannt geworden ist die Stadt durch die Anfang des 18. Jahrhunderts hier angesiedelte Strumpfmanufaktur, die bald zum bedeutendsten wirtschaftlichen Unternehmen im einstigen Herzogtum Sachsen-Weimar-Eisenach wurde und durch die gleichfalls bis in die Gegenwart reichende Tradition der Glockenherstellung. 1923 wurde hier die große Glocke des Kölner Doms gegossen. Die Stadt schmücken zahlreiche guterhaltene Jugendstilhäuser. Einen Besuch wert ist auch die Lutherkirche.

Rudolstadt, das zu klassischen Zeiten so gern ein «Klein-Weimar» gewesen wäre, schlängelt sich über acht Kilometer lang durch das herrliche Saaletal. Auf den Besucher übt die Stadt einen besonderen Reiz aus, umgibt sie doch mitunter bis heute der Hauch – und manchmal auch mehr – einer Goethe-und-Schiller-Stadt; einer Residenz-, Theater- und Festspielstadt; einer Stadt der Musik und des Tanzes; einer selbstbewußten Beamtenstadt; einer Stadt gediegenen Handwerks und bäuerlichen Fleißes. Im Lengefeldschen Haus lernte Friedrich Schiller seine spätere Frau Charlotte von Lengefeld kennen. Bereits ein Jahr später, 1789, verbrachte er auf Charlottes Einladung den Sommer in Rudolstadt. Dabei erlebte er in der hiesigen Gießerei mit, wie die Glocke für den Turm der Stadtkirche St. Andreas gegossen wurde: «Von der Stirnen heiß, rinnen muß der Schweiß, soll das Werk den Meister loben...», also die große Ballade von der Glocke, soll nach diesem Rudolstädter Erlebnis entstanden sein.

Wahrzeichen und Besuchermagnet Rudolstadts ist das 60 Meter über der Stadt thronende **Schloß Heidecksburg**. Prunkstück im Inneren des Barockbaus ist der

Linke Seite: Die prachtvolle Rokoko-Einrichtung des Schlosses Heidecksburg (oben). – Berühmtheiten unter sich: Schiller, Wilhelm und Alexander von Humboldt und Goethe bei einem Treffen in Jena (Xylographie nach einer Zeichnung von Andreas Müller, unten).
Rechte Seite: Rudolstadt (oben). – Eines der prunkvollsten Barockschlösser Deutschlands ist die Heidecksburg (unten).

vom Weimarer Baumeister Gottfried Heinrich Krohne im Rokokostil gestaltete zwölf Meter hohe Große Festsaal. Verschiedene Museen laden in der großzügigen Schloßanlage zur Besichtigung ein. Lohnenswert ist auch ein Besuch des kleinen Freilichtmuseums Thüringer Bauernhäuser. Jedes Jahr im Juli findet auf der Burg sowie auf und rund um den Rudolstädter Markt das internationale «Tanz- & Folkfest» statt.

Im Städtedreieck Apolda-Jena-Weimar liegt **Kapellendorf**. Der Ort durchlebte eine sehr ereignisreiche Geschichte: Wirtschaftlicher Brennpunkt mit Marktrecht, Zoll- und Münzregal im 12. Jahrhundert, Raubritternest im 15. und Sitz eines Rent- und Justizamts ab dem 17. Jahrhundert. Goethe hatte sich für Kapellendorf zuallererst dienstlich zu interessieren.

Jedoch empfand der Minister darüber hinaus eine besondere Zuneigung für die Gegend. Gewiß lockte Goethe die baulich interessante, in ihrem Kern aus dem 12. Jahrhundert stammende, jedoch mehrmals umgebaute oder erweiterte Wasserburg. Bis in unsere Tage stellt die von Wassergraben und Wall umgebene Niederungsburg Kapellendorf so viele Fragen an die Bauforschung wie kaum eine andere Burg. Den historisch Bewanderten wird die Burg als Hauptquartier einer preußischen Teilarmee während der 1806 hier ganz in der Nähe stattgefundenen Doppelschlacht von Jena-Auerstedt interessieren. Heute finden im Festsaal regelmäßig Konzerte und im Sommer im Freien mittelalterliche Ritterspiele statt. In der Burgkemenate lädt die Dauerausstellung «Burgen in Thüringen» ein.

Im Süden des Landschaftsschutzgebiets «Mittleres Ilmtal» liegt die Korbmacherstadt **Kranichfeld**. Zwei Burgen, das Geburtshaus des Dichters Baumbach («Hoch auf dem Gelben Wagen...») und die spätgotische Kirche St. Michael lohnt es zu besichtigen.

Das nahegelegene, teils von einem künstlich angelegten, 38 Hektar großen Stausee «umspülte» Dorf **Hohenfelden**, das sich immer mehr zum Museumsdorf entpuppt, ist auch einen Abstecher wert. Das Thüringer Freilichtmuseum Hohenfelden präsentiert den Besuchern Zeugnisse der Architektur und Lebensweise der ländlichen Bevölkerung Mittelthüringens aus verschiedenen Jahrhunderten. Der Pfarrhof mit Stall, Scheune, Taubenturm, Schweinekoben, Bienenhaus, Obstdarre sowie einem Bauerngarten; aber ebenso die kleine, originalnah wiedereingerichtete Einklassenschule gewähren wie auch die Schusterwerkstatt einen interessanten Einblick in den Alltag unserer Vorfahren.

Landluft ist gesund: Von 1797 bis 1803 lebte der Dichter Christoph Martin Wieland auf dem Gut Oßmannstedt.

Das Renaissanceschloß bei Dornburg wird auch Goetheschloß genannt, da der Dichter hier eine Zeitlang lebte.

Im Schloß der Frau von Stein in Kochberg ist ein Museum untergebracht, das die Geschichte der Familie und die Freundschaft Goethes zu Charlotte von Stein ausführlich dokumentiert.

ist es auch nicht mehr. Die Veranstalter des Kunstfests Weimar, das seit einigen Jahren im Sommer stattfindet, standen wegen Platzmangels vor der Aufgabe, alternative Veranstaltungsorte zu suchen. Der mitten im Schloßhof aufgestellte schwarze **Theater-Kubus**, das von seinen einstigen Nutzern verlassene **Haus der Offiziere**, der **Marstall**, die **Weimarhalle**, eine **ehemalige Fabrikhalle** und – jüngst erst mit einem Stück des in Paris lebenden Spaniers Jorge Semprun erschlossen – der **Ehrenfriedhof der Roten Armee** im Park von Belvedere gehören dazu.

Erholung abseits der bekannten Parkanlagen

Vom Grün üppig durchsetzt ist Weimar ebensowenig wie es von diesem geschlossen umgeben ist. In einiger Entfernung vor den Toren der Stadt jedoch breiten sich in den Himmelsrichtungen Norden, Osten und Süden recht große Oasen der Ruhe und Entspannung aus. Belvedere, Tiefurt, Ettersburg und der an die Stadt heranreichende Park an der Ilm – in diesem Buch an anderer Stelle ausführlich beschrieben – waren und sind die bekanntesten; die einzigen je-

doch keinesfalls. Wer wollte bestreiten, wie bedeutsam auch damals der mehr oder weniger große Garten am Haus war? **Der Garten der Familie Herder** (er ist hinter der Kirche am Herderplatz wieder weitgehend original hergerichtet und zu besichtigen), **der Garten der Familie Goethe** oder der ebenfalls bald wieder öffentliche **Garten von Kirms-Krackow** warten auf die Besucher.
Der parallel zur Schwanseestraße verlaufende **Weimarhallenpark** heißt so, seit hier 1932 die Weimarhalle eingeweiht wurde. In fürstlichem Besitz war der im 15. Jahrhundert erwähnte damalige Baumgarten etwa 300 Jahre. Dann pachtete Friedrich Justin Bertuch das Areal, kaufte neue Grundstücke hinzu, verpachtete einige davon wieder und schuf sich so auch den Platz für das von ihm am Rand des Gartens erbaute Wohn- und Geschäftshaus. Am südwestlichen Ende des Parks liegt die Begräbnisstätte der Familie Bertuch. Der, anders als zu seiner Entstehungszeit, nun im Zentrum Weimars liegende Park ist ein beliebter Treffpunkt der Weimarer. Nördlich der Stadt, auf dem Weg nach Ettersburg, am Rand des Naturschutzgebiets Prinzenschneise, kommt man an **Herders Ruh'** vorbei. Im Zusammen-

Erholung abseits der bekannten Parkanlagen

Feldarbeit bei Bad Kösen im Saaletal. Im Hintergrund links die Ruine Rudelsburg, die in dem Volkslied «An der Saale hellem Strande» besungen wird.

In Blankenhain an der Schwarza, einem Zufluß zur Ilm, lohnt ein Besuch des mittelalterlichen Schlosses.

hang mit dem 250. Geburtstag von Johann Gottfried Herder 1994 wurde das idyllische Plätzchen wiederhergerichtet. Eine steinerne Bank im Halbrund, ein hölzernes Kreuz, und alles umgeben von hohen Pappeln – mehr gehört nicht zu Herders Ruh'.

Auf der Straße von Weimar nach Jena beginnt gleich hinter dem Ortsausgang ein herrliches alleenreiches Laubwaldgebiet, das Dozenten und Studenten der Weimarer Malerschule bei ihrer Motivsuche anzog: das **Webicht-Wäldchen**. Von der etwa in der Mitte des Webicht gelegenen Gaststätte «Fasanerie» verläuft sternenförmig ein Netz von Wanderwegen, auf dem oft auch der altgewordene Goethe mit seiner Schwiegertochter Ottilie gesehen wurde.

Weiter von Weimar Richtung Jena, passiert man die Wege, die die berühmten und auch weniger berühmten Personen des klassischen Weimars so oft gegangen oder gefahren sind. Halten ließ man die Kutsche damals zum Beispiel in dem kleinen Dörfchen **Kötschau**. Bis dorthin eilte Christiane Vulpius ihrem Johann Wolfgang entgegen, wenn er von einer weiten Reise wiederkehrte, und bis dorthin begleitete sie ihn, brach er zu großer Tour auf.

Unweit davon liegt in einer Mulde das Örtchen **Kapellendorf**, in dessen Rentamt einst die Söhne von Goethe und Schiller ihre Ausbildung erfuhren. Mit seiner Wasserburg und den umliegenden Sperlingsbergen besitzt Kapellendorf Anziehungskraft auch in unseren Tagen. Das von dort nicht weit entfernte, zwischen Weimar und Apolda gelegene **Gut Oßmannstedt** war von 1797 bis 1803 im Besitz von Christoph Martin Wieland, der hier mit seiner Familie lebte. Unter den vielen Gästen Wielands waren auch Goethe, Jean Paul und Kleist. Aus finanziellen Gründen mußte er das Anwesen jedoch wieder verkaufen. Im Erdgeschoß des Gutshauses erinnert eine kleine Gedenkstätte an Wielands Jahre in Oßmannstedt.

Schließlich ist noch in der Nähe von Weimar die kleine Stadt **Bad Berka** zu erwähnen, in der Goethe oft weilte. Lockte das landschaftlich reizvolle Gebiet den Dichter und Staatsmann anfangs nur zu Entspannung und Erholung vom Weimarer Alltag, so kam er später auch in Dienstangelegenheiten hierher. Er hatte den Auftrag, die Einrichtung eines Kurbads zu fördern. In Bad Berka hält nicht nur der Goethe-Brunnen die Erinnerung daran wach.

131

Zwischen Weimar und Jena erhebt sich die mittelalterliche Wasserburg Kapellendorf.

TOURISTISCHE HINWEISE

Weimar auf einen Blick

Weimar, nur 20 Kilometer von Thüringens Landeshauptstadt Erfurt entfernt, ist Kulturhauptstadt Europas 1999. Seit dieses Prädikat vergeben wird, ist mit Weimar zum ersten Mal eine Kleinstadt gewählt worden – rund 62 000 Einwohner leben in dem denkmalreichen historischen Altstadtkern sowie in den Neubaugebieten im Norden und Westen der 84 Quadratkilometer umfassenden Stadt.

Weimar, dem Wissenschaftler schon jetzt das Kulturangebot einer Halbmillionen-Metropole attestieren, ist natürlich vor allem als Stadt der klassischen Literatur, als Wirkungsstätte Goethes und Schillers Anziehungspunkt für Touristen aus aller Welt. Doch schon vor dem glanzvollen 18. Jahrhundert, wie auch in den Zeiten danach, hat Weimar sich mit Impulsen für die deutsche und europäische Geistes- und Kulturgeschichte hervorgetan. Lucas Cranach d. Ä., Martin Luther und Johann Sebastian Bach stehen neben anderen für das vorklassische Weimar. Franz Liszt, Friedrich Nietzsche, Walter Gropius oder Lyonel Feininger hingegen repräsentieren Weimars «Silbernes Zeitalter» oder den Übergang zum 20. Jahrhundert.

Die «schöngeistige Hauptstadt Deutschlands» erwies sich 1919 auch als der rechte Ort, mit der Ausrufung der «Weimarer Republik» erstmalig den Versuch einer Demokratie in Deutschland zu beginnen. Für immer schmerzhaft mit dem Namen Weimar verbunden bleibt das ehemalige Konzentrations- und spätere sowjetische Internierungslager Buchenwald auf dem Gelände des von Goethe vielbesuchten Ettersberg.

Zu den Sehenswürdigkeiten der Stadt an der Ilm gehören neben den klassischen Gedenkstätten und Museen auch der Marktplatz mit Rathaus, Stadthaus und Cranachhaus; der Goetheplatz und der Platz der Demokratie; das Residenzschloß mit den Kunstsammlungen zu Weimar und der Galerie im Schloß; das Bauhaus-Museum und die Hochschule für Architektur und Bauwesen; der Jakobskirchhof; das Liszthaus und das Nietzsche-Archiv; das Museum für Ur- und

Frühgeschichte Thüringens; der Park an der Ilm mit Goethes Gartenhaus und dem Römischen Haus; Schloß und Park Tiefurt, Schloß und Park Belvedere sowie die Gedenkstätte Buchenwald.

Telefon-Vorwahl: 0 36 43

Information
Tourist-Information
Markt 10
Informationen, Auskünfte, Stadtführungen, Zimmervermittlung.
Ticketzentrale: Verkauf von Veranstaltungskarten, Reservierung von Restaurantplätzen, Souvenirverkauf, Tagungs- und Kongreßservice, Pauschalangebote.

Verkehrsverbindungen
Auto:
5 km von der A 4 Dresden–Frankfurt/Main
30 km von der A 9 Berlin–München
B7 Kassel–Eisenach–Erfurt–Weimar–Jena–Gera
B85 Bayreuth–Kulmbach–Kronach–Saalfeld–Rudolstadt–Weimar–Kyffhäuser

Eisenbahn:
Frankfurt/Main–Weimar–Leipzig–Dresden mit Intercity-Halt

Das Denkmal für den russischen Dichter Alexander S. Puschkin (oben). – Das Nietzsche-Archiv (unten).

Nahverkehr

Weimar verfügt über ein gut ausgebautes Netz öffentlicher Buslinien. Alle Linien verlaufen über den im Stadtzentrum liegenden Goetheplatz. Mehrere Linien haben eine Anbindung an den Bahnhof Weimar. Die seit 1995 eingeführte WeimarCard (gültig für 48 Stunden) berechtigt zur freien Fahrt mit allen Bussen im Stadtgebiet von Weimar, zum freien Eintritt in zahlreiche Museen sowie zu Ermäßigungen bei Stadtführungen und Veranstaltungen des Deutschen Nationaltheaters. Außerhalb des Stadtzentrums befinden sich zwei P+R-Parkplätze, die durch die City-Linie 5 verbunden sind. Ein Parkleitsystem, auch für Busse und Caravans, beginnt an den jeweiligen Ortseingängen.

Stadtführungen

Neben den regulären Stadtrundgängen werden verschiedene thematische Führungen angeboten, zum Beispiel unter dem Motto «Auf Goethes Spuren», «Weimarer Musikgeschichte vom 18.–20. Jahrhundert», «Rundgang durch den Weimarer Park an der Ilm» oder «Staatliches Bauhaus Weimar».
Treffpunkt:
Tourist-Information
Markt 10

Die Tourist-Information vermittelt auch Führungen durch Museen und Memorialstätten der Stadt, durch die Gedenkstätte Buchenwald, durch Schloß und Park Belvedere sowie durch die Goethe- und Schiller-Gedenkstätten im Raum Thüringen.
Buchungen und weitere Informationen:
Tourist-Information
Markt 10

Übernachtungen (Auswahl)

«Hilton Weimar»
Belvederer Allee 25

«Holiday Inn»
Ernst-Busse-Straße

Hotel «Elephant»
Markt 19

Hotel «Liszt»
Lisztstraße 1–3

Hotel «Russischer Hof»
Goetheplatz 2

Hotel «Thüringen»
Brennerstraße 42

Jugendgästehaus «Maxim Gorki»
Zum wilden Graben 12

Jugendherberge «Am Poseckschen Garten»
Humboldtstraße 17

«Treff-Hotel»
Weimar-Legefeld, Kastanienallee 1

Restaurants, Gaststätten und Cafés (Auswahl)

ACC Café-Restaurant «Goethe trifft Nina»
Burgplatz 1

Café «Sperling»
Schillerstraße 18

«Cranach-Stuben»
Friedrich-Ebert-Straße 41

Gasthausbrauerei «Felsenkeller»
Humboldtstraße 37

Die Musikstadt: ein Konzert (oben), im Garten des Liszthauses (unten).

Gute Thüringer Küche bietet das Gasthaus «Zum Weißen Schwan».

«Theater-Cafe»
Theaterplatz 1a

«Zum Weißen Schwan»
Frauenplan

Theater, Konzert
Deutsches Nationaltheater
(Großes Haus und Nebenbühnen)
Theaterplatz 2
Die künstlerischen Angebote des Deutschen Nationaltheaters reichen vom Schauspiel über Oper, Operetten, Musical und Ballettaufführungen bis zu Sinfoniekonzerten von der Klassik bis zur Moderne. Das Haus bietet Veranstaltungen an, die es ermöglichen, einen Blick hinter die Kulissen zu werfen. Dazu gehören eine Masken-, Requisiten- und Ballettwerkstatt.

Veranstaltungen (Auswahl)
Bachtage (Ende März)
Bienenmarkt (Juni)
Kunstfest (Juni/Juli)
Feierlichkeiten zu Goethes Geburtstag (Ende August)
Europäische Kulturwerkstatt Schloß Ettersburg (August)
Zwiebelmarkt (Zweites Oktoberwochenende)
Liszttage (Oktober)
Schillertage (November)

Kirchen, Friedhöfe, Museen und Galerien (Auswahl)
Albert-Schweitzer-Begegnungsstätte
Kegelplatz 4

Bauhaus-Museum
Am Theaterplatz

Bienenmuseum
Ilmstraße 3

Fürstengruft auf dem Historischen Friedhof

Gedenkstätte Buchenwald
Weimar-Buchenwald

Goethehaus und Goethe-Museum
Am Frauenplan

Herzogin-Anna-Amalia-Bibliothek,
Rokokosaal
Platz der Demokratie

Kunstkabinett
Am Goetheplatz

Kunstsammlungen zu Weimar,
Schloßmuseum und Galerie im Schloß

Liszthaus
Marienstraße

Museum für Ur- und Frühgeschichte Thüringens
Humboldtstraße 11

Nietzsche-Archiv
Humboldtstraße 36

Park an der Ilm
mit Goethes Gartenhaus und Römischem Haus

Schillerhaus mit Schiller-Museum
Schillerstraße

Schloß und Park Tiefurt

Stadtkirche St. Peter und Paul
(Herderkirche)
Herderplatz

Wittumspalais mit Wieland-Museum
Am Theaterplatz

Auf den Spuren eines Dichters: der Schreibtisch in Schillers Arbeitszimmer.

Reizvolle Winterlandschaft bei Rottdorf, südlich von Weimar.

Der Dichterfürst ist allgegenwärtig: der Goetheplatz in Kochberg südlich von Weimar.

SACHREGISTER

Albert-Schweitzer-Begegnungsstätte 100
Albertiner 21, 25
Alte Münze 79
Altenburg 106
Altes Gymnasium 99
Alt-Weimar *13*, 22, *71*, *107*, *108/109*, 110
Anna-Amalia-Bibliothek 25
Apolda 126
Autonomes Cultur Centrum (ACC) *57*, *105*, 119

Bad Berka 131
Bastille *23*
Bauhaus-Museum 31, *49*, 77, *95*, 95
Belvedere, Schloß 10, 22, 25, 36, 113, *114*, *118*, *119*
Bertuchhaus 106
Bienenmuseum 120
Buchenwald (Lager »Ettersberg«) 16, 25, 63, 134, *142*
Burg Hornstein 21

Cranachhaus *6/7*, 22, 30, 78, 90

Dessauer Stein *90*
Deutsches Nationaltheater 14, *15*, 16, 16, 31, *48*, 55, 72
Deutschritterhaus 99
Donndorfbrunnen *37*, 105
Dornburg 120, *121*, *122/123*, 125, *130*
Dreißigjähriger Krieg 21, 22

Erfurt 124, *125*
Erholung 71
Ernestiner 9, 21, 25

Der heilige Ambrosius als Bienenkorb.

Ettersberg 25, 36
Ettersburg, Schloß 114

Franziskanerkloster 105
Französisches oder Grünes Schloß 9, *18/19*, 25, 84
Frauenplan 30, 72, *73*, 84
«Fruchtbringende Gesellschaft» («Palmenorden») 9

Gänsemännchenbrunnen *51*, 78
Gartenhaus von Goethe *2/3*, *92/93*, 112, *114*
Gelbes Schloß *18/19*, 89, *105*
Goethe- und Schiller-Archiv 15, 105
Goethebrunnen 80

Goethe- und Schiller-Denkmal 14, 15, 16, 31, 36, *48*, *49*, 71, 77
Goethe-Gesellschaft 10, 15, 63, 105
Goethehaus am Frauenplan 31, 41, *71*, *72*, *73*, 76, 77, *78*, 78, *79*, 79, *80*, 80, *81*, 83, 84, *85*, *86/87*
Goethe-Nationalmuseum 15, 31, 72, 80
Goetheplatz *15*, *43*, 71
Großkochberg 125, *130*, *138/139*
Gut Oßmannstedt *128/129*, 131

Haus der Frau von Stein 84
Herder-Denkmal 30, *53*, 99
Herderkirche (Stadtkirche St. Peter und Paul) *12*, 13, 30, 90, 99
Herderplatz 30, *52*, 90
Herzogin-Anna-Amalia-Bibliothek *13*, 15, 26, 31, *32/33*, 34, 35, 84
Historischer Friedhof *62*, 63, 111, *143*
Hochschule für Architektur und Bauwesen *96/97*, 106, *140*
Hoffmann's Buchhandlung 78
Hofheater 13, *69*, 72
Hohenfelden 127
Hotels
– «Elephant» 30, 53, 64, 65, 66, 90
– «Erbprinz» *15*, 53
– «Russischer Hof» 72
– «Sächsischer Hof» 99

Ildefonsobrunnen 84

Jakobskirche *54*, *55*, 100, 105
Jakobsfriedhof 42, 105
Jena 124, 125

Kapellendorf 127, 131, *132/133*
Kasseturm 71, *100*, *101*
Kegelplatz 100
Kirms-Krackow-Haus 99
Kötschau 131
Kranichfeld 127
Kultur- und Kongreßzentrum Weimarhalle 106
Kunstgewerbeschule 16, 45, 111
Kunsthalle 77
Kunstkabinett 71
Kunstsammlungen zu Weimar 89
Kunstschule 15

Landes-Industrie-Comptoir 13, 42
Lesemuseum *43*, 71
Lutherhof 100

Markt *14*, 22, 30, 89
Marktplatz *6/7*, 21, *22*, 24, 25, 66
Marstall 100
Museum für Kunst und Kunstgewerbe 16
Musik *68*, 68, *69*, 69

Das Treppenhaus in der Hochschule für Architektur und Bauwesen.

Musikhochschule «Franz Liszt» 15, *26*, 31, *42*, 69, 84, 105
Musterhaus am Horn *95*, 95

Nationalsozialismus 90
Nationalversammlung *16*, 16, *17*, 31, 72
Neptunbrunnen *25*, 90
Nonnenkloster Oberweimar 120

Park an der Ilm *2/3*, 13, 14, 31, *67*, *88*, 89, 91, *112*, 112, *115*
Platz der Demokratie *18/19*, 26
Puschkin-Denkmal 84, *134*

Rathaus 21, *24*, 30, 90
Reformation 9
Remise 49
«Residenzcafé» («Resi») 66, 89, *104*
Residenzschloß *12*, *18/19*, 21, *27*, *28*, 30, 89
Römisches Haus 14, 31, 36, *67*, *90*, 113
Rotes Schloß *18/19*, 84, *100*
Rudolstadt 126, *127*
– Schloß Heidecksburg *126*, 126, *127*, 127

Sachsen-Weimar (Herzogtum) 9
Sachsen-Weimar-Eisenach (Herzogtum) 10, 14, 41, 126
Schiller-Gedenkfeier *15*, 16
Schiller-Gesellschaft 10
Schillerhaus 31, *36*, *38/39*, 40
Schillermuseum 31, *41*, *42*, 63, 79
Schillerstraße (Esplanade) *36*, *38/39*, *50*, 78, 79
Schloßtheater (Hofoper) 10
Schmalkaldischer Krieg 9
Schwarzburger 25
Shakespeare-Denkmal *15*
Shakespeare-Gesellschaft 10, 72
«Silbernes Zeitalter» 14, 15
Staatliche Kunstsammlungen *28*, *29*
Staatliches Bauhaus Weimar 16, 45, 56, 94, 95
Stadtbefestigung 9
Stadthaus *6/7*, *23*, 90
Stiftung Weimarer Klassik 89

Tempelherrenhaus *89*
Tiefurt, Schloß 13, 25, 36, 114, *116/117*

Villa Silberblick (Nietzsche-Gedenkstätte) 45, *64*, 111

Webicht-Wäldchen 131
Weimarer Stadtmuseum 106
Weimarer Verfassung 16
Weimarhallenpark 130
Weimarisches Comödien- und Redoutenhaus 78

«Weißer Schwan» (Gasthof) *74/75*, 84
Weltkrieg, Erster 16, 55, 94
Weltkrieg, Zweiter 16, 63, 72, 89, 90
Wieland-Denkmal 106
Wielandplatz 106
Wielandmuseum 78
Wilhelmsburg 10, 21, 36
Wiener Kongreß 14
Wittumspalais 31, *36*, 77

«Zum Zwiebel» (Restaurant) *99*, 119
Zwiebelmarkt 21, *56*, *58*, 58, *59*, 59, *60/61*

PERSONENREGISTER

Abendroth, Hermann 69
Albert, Kurfürst 21
Anna Amalia, Herzogin *10*, 10, *11*, 13, 25, 26, 27, 31, 36, 44, 49, 54, 68, 77, 78, 84, 99, 114, 124

Bach, Johann Sebastian 10, 53, 68, 84
Becher, Johannes R. *16*, 63

Bertuch, Friedrich Justin 13, 42, *44*, 45, 106

Carl Alexander, Großherzog 14, 15, 54
Carl August, Herzog 10, 13, 14, 25, 26, 27, 28, *26*, 31, 35, 36, 41, 42, *44*, 44, 45, 79, 84, 90, 111, 113
Coudray, Clemens Wenzeslaus 45, 72, 77, 80, 106, 111
Cranach, Lucas d. Ä. 30, *55*, 90, 99, 105
Cranach, Lucas d. J. 30, 99

Eckermann, Johann Peter 44, *44*, 84
Egloffstein, Karoline 49
Ehrenburg, Ilja 89
Ernst August I., Herzog 10, 113
Ernst August II. Constantin, Herzog 10, 25

Friedrich der Große, König 25
Fritsch, Friedrich von 13, 35, 77

Göchhausen, Luise von *10*, 49, 77
Goethe, Johann Wolfgang von 2, *10*, 13, 14, 15, 16, 26, 27, 28, 31, *35*, 35, 36, 41, 42, 44, 45, 49, 53,

Mit «Salve» begrüßt Weimar die Besucher zum alljährlichen Kunstfest.

Das ehemalige Konzentrationslager Buchenwald auf dem Ettersberg ist heute Mahn- und Gedenkstätte.

54, 58, *62*, 63, 65, 68, 71, 72, 77, 78, 79, 80, *82/83*, 84, 89, 90, 105, 106, 111, 112, 113, 114, 119, 124, 125, 126, 127, 131
Grafen von Weimar-Orlamünde 9
Grillparzer, Franz 30, 80, 90
Gropius, Walter 16, 45, 56, 77, 94

Hauptmann, Anton Georg 72, 78
Held, Louis 15, 106
Herder *10*, 13, 27, 30, 31, 36, *76*, *82/83*, 99, 105, 111, 131
Hummel, Johann Nepomuk 68, *69*, 99

Iffland 13, *82/83*
Imhof, Oskar Wilhelm 58

Johann der Beständige, Herzog 9
Johann Ernst, Herzog 21, 89, 105
Johann Friedrich I., der Großmütige, Herzog *9*, 21, 89, 90

Keßler, Harry Graf 16, *44*, 45
Kisch, Egon Erwin 30
Knebel, Karl Ludwig von 10, 13, 26, 27, *44*, 106, 114
Konstantin, Prinz 13, 25, 26, 27
Kraus, Georg Melchior 45

Liszt, Franz 15, 54, *65*, *68*, 68, 69, 90, 99, 106, 111

Luise, Herzogin 27, 36, 41, 49, 111, 114
Luther, Martin 9, 100, 124

Mann, Thomas *16*, 16, 30, 64, 65
Maria Pawlowna, Herzogin *63*, 71, 111, 114
Muche, Georg 95
Musäus, Johann Karl August 10, *10*, 26, 100

Napoleon, Kaiser 41
Nationalsozialisten 56, 63, 65
Nietzsche, Friedrich 15, 16, *44*, 45, *64*, 64, 89, 106, 111

Richardson, Samuel 26
Rietschel, Ernst 15, 31, 36, 49, 77, 106

Sayn-Wittgenstein, Caroline von 54, 106
Schaller, Ludwig 30
Schiller, Friedrich 14, 15, 16, 27, 31, 36, 41, *41*, 53, 58, 72, *76*, 79, *82/83*, 90, 105, 111, 124, 126
Schweitzer, Albert 100
Sophie, Großherzogin 15, 105
Stael, Madame de 22
Stein, Charlotte von 27, 28, 30, 36, *44*, 44, 45, *46/47*, 49, 84, 111, 125, *130*

Strauss, Richard *68*, 68
Streichan, Carl Heinrich Ferdinand 71, 100, 111

Van de Velde, Henry 16, 45, 64, 77, 94, 96, 99, 111
Vulpius, Christiane 30, 41, 42, 45, 49, 54, 80, *83*, 100, 105, 131

Wagner, Richard 15, 68, 69, 90
Wieland, Christoph Martin 10, 26, 27, 31, 36, *82/83*, 100, 105, 128, 131

Zeiß, Carl 53, 124
Zelter, Karl Friedrich 58

LITERATUR

Biedrzynski, Effi: Goethes Weimar. Das Lexikon der Personen und Schauplätze. Zürich 1993.

Stade, Heinz: Klassikerstraße Thüringen, Erfurt 1993.

Weimar. Lexikon zur Stadtgeschichte. Weimar 1993.

Weimar im Urteil der Welt. Berlin/Weimar 1977.

Kunstvolle Grabplastiken schmücken den Historischen Friedhof in Weimar.

DIE AUTOREN

Fotografie:
Peter Hirth, Fotodesignstudium an der Fachhochschule für Gestaltung in Hamburg. Mitinhaber der Fotografen-Agentur «Transit», Leipzig. Bildautor des Bandes «Leipzig» in dieser Reihe. Lebt in Hamburg und Leipzig.

Viola Pfaff, Studium der Fotografie an der Fachhochschule für Gestaltung in Hamburg. Freie Fotojournalistin. Bildautorin des Bandes «Leipzig» in dieser Reihe. Lebt in Hamburg und Leipzig.

Text:
Rudolf Walter Leonhardt, Auslandskorrespondent, Publizist und Buchautor, ehemaliger stellvertretender Chefredakteur der «Zeit». Autor zahlreicher Bände im Verlag C.J. Bucher. Verfaßte das Porträt.

Heinz Stade, seit 1985 als freier Autor in Erfurt. Autor des Bandes «Erfurt» in dieser Reihe. Verfaßte die Chronik, das Glossar und die Beiträge über die berühmten Weimarer, den Zwiebelmarkt, die Musikstadt und die Umgebung sowie den schönsten Rundgang und die touristischen Hinweise.

Herbert Weißhuhn, seit 1962 Redakteur in Weimar; dort von 1967 bis 1984 Ressortleiter Kultur. Autor von Büchern über Weimar, Jena und das alte Dresden. Verfaßte die Artikel über das Bauhaus und die Parks.

Einbandfotos:
Das Deutsche Nationaltheater (Vorderseite)
Der Marktplatz mit Rathaus im Hintergrund (Rückseite)

IMPRESSUM

ERINNERN · ENTDECKEN · ERLEBEN
WEIMAR
Konzeption: Axel Schenck
Redaktion: Gabriele Kutscha
Bilddokumentation: Maria Guntermann
Bildlegenden: Antje Eszerski/
Gabriele Kutscha
Grafische Realisierung:
Verlagsservice G. Pfeifer, Germering
Herstellung: Angelika Kerscher

Redaktionsschluß: September 1995

Sonderausgabe für
Verlag Das Beste GmbH, Stuttgart 1995
© 1995 by Verlag C.J. Bucher GmbH,
München
Alle Rechte vorbehalten

Reproduktionen der Abbildungen:
Repro Ludwig, A-Zell am See
Druck und Bindung:
Kastner & Callwey, Forstinning
ISBN 3 87070 599 X

Bildnachweis:
Archiv für Kunst und Geschichte, Berlin:
Seiten 4 o. und u., 10 u., 13 o., 14 o. l., 16 o. l., 44 u. l., 45 u. l. und u. r., 69 o. (2), 80 o., 82 M. l., 83 u. l., o. l. und M. l., 95 u., 113, 114 (2)
Bauhaus-Archiv, Berlin: Seiten 94 (3)
Bildarchiv Preußischer Kulturbesitz, Berlin:
Seiten 4: 2. von u., 5 2. von o., 9. u., 12 u., 44 o., 45 o., 68 o., 82 o. und u.r., 83 o. r. und M. r.
Deutsche Staatsbibliothek in der Stiftung Preußischer Kulturbesitz: Vor- und Hintersatz, Seite 9 o.
Deutsches Bienenmuseum, Weimar:
Seiten 5: 2. von u., 140
Fotoatelier Lois Held/Inh. Eberhard Renno, Weimar: Seiten 5: 3. von o., 14 u. l., o. M., 15 u. r. 68 u., 115
Luftbild Reinmar Wulf, Elmshorn: Seiten 18/19, 21 o., 70, 142
Dr. Klaus Madlung, Weimar: Seiten 5 2. von u., 13 u., 14 M. l., 14/15, 15 o. (2), 16 u. l., 59 o., 69 u. (4), 106 (2), 112 u.
Axel Mosler, Dortmund: Seiten 124, 126 o., 127 o.
Stiftung Weimarer Klassik/Herzogin Anna Amalia Bilbiothek, Weimar: Seiten 4: 2. von o., 10 o., 11, 13 u. M, 45 u. M., 82 u. l., 112 o.
Ullstein-Bilderdienst, Berlin: Seite 17
Heinz Wohner, Dortmund: Seiten 127 u., 140 u.
Die Karten auf den Seiten 5, 31 und 125 zeichnete Astrid Fischer-Leitl, München.